Cuidando el Medio Ambiente

Diane Collins

Ediciones Afrodita

Portada: macroworlds en pixabay

Índice:

Capítulo 1
Medio Ambiente
-definición y explicaciones-

El medio ambiente es todo lo que nos rodea. Es el conjunto de elementos naturales y artificiales dentro de los cuales se desarrolla la vida humana.
Con los problemas ecológicos actuales, el término medio ambiente tiende actualmente a adquirir una dimensión cada vez más global.

Cuando hablamos de nuestra percepción del medio ambiente (social, ecológico, político, etc.), debemos por lo tanto integrar la dimensión de la globalización y pensar en una escala mundial.

En nuestro tiempo, el medio ambiente se percibe como un material a esculpir, un territorio a estructurar, a gestionar. Esta concepción deriva de un enfoque prometeico destinado a afirmar el dominio del hombre sobre la naturaleza. Frente al discurso de una ecología radical muchas veces ingenua y antihumanista, el enfoque instrumental y cartesiano del medio ambiente parece natural, basado en la razón y totalmente adaptado a las necesidades económicas, industriales, comerciales y financieras de nuestro tiempo.

Etimología

Etimológicamente hablando, el término "medio ambiente" tiene su origen en el griego, el latín y el galo. El término medio ambiente es polisémico, es decir que hoy en día abarca muchas acepciones.

El término francés "medio ambiente" ha sido traducido al latín desde hace cinco siglos por Robert Estienne en su diccionario francés-latín en 1539 (p.183). Dice textualmente "ambiente: circundatio, circumscriptio terrae, stipatio". Por lo tanto, la historia de la palabra y sus significados puede remontarse bastante atrás en el tiempo.

La primera definición técnica anglosajona de "medio ambiente" apareció en la década de 1920: condiciones naturales (físicas, químicas, biológicas) y culturales (sociológicas) que pueden actuar sobre todos los organismos vivos y actividades humanas. Luego, el uso del término "medio ambiente" se desarrolló a partir de la década de 1960 para abarcar y significar actualmente los recursos naturales bióticos (fauna, flora) y abióticos (aire, agua, suelo) y sus interacciones recíprocas, los aspectos característicos del paisaje y los bienes que conforman el patrimonio cultural.

Medio ambiente:

- El medio ambiente sería, por tanto —en un momento dado— el medio en el que se desenvuelve el individuo y/o el grupo, comprendiendo este medio el aire, el agua, el suelo, sus interfaces, los recursos naturales, la fauna, la flora, los hongos, los microbios y los seres humanos, los ecosistemas y la biosfera.

- Desde un punto de vista más societario, el Medio Ambiente es el entorno físico, construido, natural y humano en el que trabaja un individuo o un grupo (una familia, un barrio, una sociedad, una comunidad, una empresa, la Administración, etc.); incluyendo aire, agua, suelo, subsuelo, fauna, flora, otros organismos vivos, el ser humano y sus interrelaciones.

- En su sentido más amplio y compartido, derivado de su etimología, la palabra Medio Ambiente evoca todo lo que, en un momento dado, está "alrededor de nosotros".

Pero en realidad (salvo en el caso de los virus inactivos), el límite físico entre el individuo y "lo que le rodea" no existe realmente. Dos ejemplos pueden ilustrar este límite difuso:

1. Nuestra piel parece ser una barrera material susceptible de ser el límite entre nuestro ambiente interno y el "ambiente" externo. Sin embargo, con cada inspiración, el aire de nuestro entorno entra en nosotros, pierde oxígeno y emerge enriquecido en vapor de agua y dióxido de carbono que provienen de nuestro interior. Algunas de las moléculas de oxígeno absorbidas serán incluidas en nuestro cuerpo. Otros serán liberados como CO. Lo mismo ocurre con los

alimentos y la excreción, y más sutilmente con las hormonas absorbidas o emitidas por plantas o animales. Incluso nuestra audiencia y nuestra visión "ingresa" información ambiental (ondas y vibraciones) en nosotros. Muchas ondas electromagnéticas nos atraviesan de un lado a otro sin impacto, otras lo hacen con más impacto. Entendemos aquí que el ambiente influye en los individuos, especies y procesos que incluye, pero que también es modificado permanentemente por ellos.

2. El hecho de que haya suelo en el que crezcan no significa que haya árboles en un bosque. Los árboles también han contribuido en gran medida a producir y fijar el suelo en el que viven. Este suelo resulta esencialmente de la descomposición de sus hojas muertas o ramas, madera muerta y bacterias y hongos simbiontes o las especies que albergan. La tierra y el paisaje forestal no son solo el entorno de los árboles, también son su producción.

Sin embargo, el concepto es efectivo, permitiendo en particular designar lo que debe ser protegido a nuestro alrededor y los sistemas vivos que nos rodean, para que la vida pueda perpetuarse de manera óptima, para que los recursos naturales puedan renovarse.

Evolución de la percepción del entorno

- Desde hace 100 años, la percepción individual y colectiva del entorno, como la del paisaje, ha evolucionado mucho. Hemos pasado de un entorno bastante local a un entorno planetario. La televisión, las imágenes de la conquista del espacio, la visión concreta fotográfica del planeta visto desde la luna o desde los satélites han ampliado enormemente la percepción que tenemos de nuestro entorno.

- Podemos pensar que para un número creciente de personas:

1. el entorno vivido a diario es cada vez menos natural o rural y cada vez más urbano, construido y controlado.

2. el medio ambiente está controlado por la comunidad, incluso privatizado, pero actúa cada vez menos para el individuo que sufre cada vez más.

3. el medio ambiente es menos un objeto natural conocido que puede ser explotado a voluntad como lo hizo el cazador-recolector que el agricultor, el pescador, el silvicultor o el minero... Fue objeto de explotación directa por más del 90% de las personas. ya no es explotado directamente por más que un pequeño porcentaje de la población (agricultores, pescadores, silvicultores, mineros y canteros, etc.). Está sujeto a una explotación indirecta ya menudo deslocalizada, que es menos fácil de percibir.

4. el medio ambiente se percibe cada vez más como un recurso finito, que ya no se considera inagotable o infinitamente renovable.

5. el medio ambiente es un bien común, que tenemos el deber de legar a las generaciones futuras.

- El concepto es principalmente espacial, pero todos entienden intuitivamente que el medio ambiente también resulta de la larga historia de coevolución de las especies en el planeta. Para hablar del ambiente "prehistórico", hablamos de paleoambiente. Su comprensión es útil para comprender, por ejemplo, las consecuencias de la regresión de la biodiversidad o el cambio climático.

- El medio ambiente es "global"; tanto cercano como global, y en la tierra, el entorno cercano y global es modificado constantemente por los seres que allí habitan, los procesos que allí tienen lugar y las influencias externas (actividad solar, etc.).

Para una escala geográfica y en un momento dado, reúne todos los factores abióticos (físicos, químicos) y bióticos biológicos, ecológicos y sociales susceptibles de tener un efecto directo o indirecto, inmediato o diferido (futuro) sobre los seres vivos, procesos, eco-paisaje y actividades humanas y calidad de vida.

En realidad, el significado de la palabra también varía según la cultura y la categoría socio-profesional de la persona que la utiliza. Así, un industrial verá primero en el término medio ambiente una referencia a "contaminación", mientras que un gerente pensará más bien "medio ambiente vivo", un artesano o comerciante pensará "ciudad", mientras que un agricultor imaginará "barrio", y un Empleado de la "naturaleza". Una administración grande (región, departamento) pensará en ecosistemas, ecología del paisaje, infraestructura verde, mientras que un municipio pequeño verá el tema del manejo del agua y los residuos, o la contaminación acústica o barrial, o los espacios verdes".

El término medio ambiente es por estas razones discutido por la mayoría de ecologistas, quienes ven en él en particular una connotación excesivamente antropocéntrica. En cambio, hablarán, por ejemplo, de ecosistemas, biomas, biogeografía, biosfera o incluso simbiosfera.

Medio ambiente y política

En política, o en círculos asociativos, el término se refiere más bien al mundo natural tal como es percibido globalmente por el hombre, como un recurso no escaso, difícil o costosamente renovable, y que sufre los impactos crecientes del desarrollo y la contaminación.

- También evoca nuestra calidad de vida.
- Esfuerzos para limitar la contaminación, reducir el desperdicio de energía, mejorar el tratamiento de residuos, etc. a veces se le llama ecologismo.
- La preocupación humana por el medio ambiente, entre otras cosas, ha creado los llamados movimientos políticos "ecológicos" o verdes. Estos movimientos vislumbran una nueva política encaminada a conciliar el desarrollo humano con la restauración, protección y buena gestión del medio ambiente.

El ecologismo, posiblemente de derecha o de izquierda, es cada vez más reconocido en nuestra sociedad, como lo demuestra el relativo éxito de los Verdes en Europa y las encuestas que desde hace varios años clasifican el medio ambiente (según lugares y épocas) en el 1°, 2° o 3° plano junto a las preocupaciones por el desempleo y la lucha contra la inseguridad.

El término medio ambiente no debe confundirse con el término ecología, que se refiere a la ciencia de los procesos y ciclos de la vida en el mundo natural, no limitado a la humanidad.

Otra definición de medio ambiente es "el medio en el que funciona un organismo, incluidos el aire, el agua, la tierra, los recursos naturales, la flora, la fauna, los seres humanos y sus interrelaciones", según la norma ISO 14001 :1996.

El medio ambiente está presente como todas las condiciones naturales y culturales susceptibles de actuar sobre los organismos vivos y las actividades humanas. El macroentorno es el entorno empresarial que influirá en él y al que deberá adaptarse. El entorno está en constante cambio: nuevas ideas, nuevos productos, nuevos modos de comunicación.

Capítulo 2
Crisis ecológicas globales

Muchos eventos recientes han puesto de relieve varios problemas que afectan al planeta. Entre los más citados:

- El calentamiento global vinculado al efecto invernadero
- El agujero en la capa de ozono
- La deforestación
- La regresión acelerada de la biodiversidad
- Gestión de residuos
- Administración del agua
- El problema de los recursos hídricos
- Regresión y degradación de la tierra
- La contaminación atmosférica
- Sequías
- Las mareas negras
- Desastres industriales
- Accidentes nucleares

Un informe de la OCDE (Organización para la Cooperación y el Desarrollo Económico) enumeró los problemas "que requieren una acción urgente": la sobrepesca, la destrucción de los bosques, la pérdida de biodiversidad, el cambio climático, los productos químicos presentes en el medio ambiente y la contaminación del aire y del agua.

He aquí 15 datos sobre el cambio climático y por qué tomar acción por nuestro futuro no puede esperar.

1. El cambio climático podría orillar hasta 132 millones de personas a la pobreza extrema en 2030.

El cambio climático empuja a la gente a la pobreza de muchas maneras, según el Banco Mundial. Tormentas más extremas desplazan a más personas, desarraigándolas de sus hogares y medios de vida. Las sequías y las inundaciones perjudican la producción agrícola, provocando un aumento del precio de los alimentos. Según algunas estimaciones, el rendimiento agrícola mundial podría disminuir hasta un 30% en 2050 si no se adoptan medidas de adaptación eficaces.

2. El mundo es aproximadamente 1.19°C (2.14°F) más cálido que en la era preindustrial.

La gran mayoría del exceso de calor atrapado por las emisiones de gases de efecto invernadero es absorbido por el océano. En consecuencia, se necesitan enormes cambios para que la temperatura aumente, aunque sea ligeramente, porque el océano lo amortigua. Pero cuando el océano absorbe cada segundo un exceso de calor equivalente al de cinco bombas de Hiroshima, se empieza a notar un calentamiento de la magnitud actual.

3. La década anterior fue la más calurosa de la historia, y los 10 años más calurosos se produjeron desde 2005.

Los seres humanos tienen una tendencia psicológica conocida como la teoría de la "línea de base cambiante". Esencialmente, cuando algo cambia, nuestra línea de base de lo que es normal también cambia. Por eso, aunque las temperaturas hayan aumentado durante más de un siglo, es posible que al ciudadano medio no le parezca alarmante porque su línea de base cambia cada año. Esta visualización ayuda a poner en perspectiva la escala y el ritmo del calentamiento global.

4. Los polos norte y sur se están calentando tres veces más rápido que el resto del mundo.

La Antártida registró recientemente temperaturas de 50 grados Celsius por encima de lo normal. El ritmo acelerado de calentamiento en las regiones polares está causando una profunda destrucción.

5. La Antártida pierde 1 mil millones de toneladas de hielo cada 40 horas.

El derretimiento del hielo se acelera rápidamente a medida que aumentan las temperaturas y los circuitos de retroalimentación. En los últimos 30 años, la Tierra ha perdido 28 billones de toneladas de hielo, suficiente para cubrir el Reino Unido con una capa de hielo de 100 metros de espesor.

6. El nivel del mar ha subido 23 centímetros en el último siglo.

Puede parecer poco, pero hay que tener en cuenta la cantidad de agua que se necesita para elevar el nivel del mar. Según la NASA, 365 gigatones de agua elevarían el nivel del mar en un solo milímetro. Un gigatón contiene 264 mil millones de galones y hay 25.4 milímetros en una pulgada.

La NASA lo desglosa aún más: "Groenlandia ha estado perdiendo unas 280 gigatoneladas de hielo al año en promedio y la Antártida ha perdido casi 120 gigatoneladas al año, con indicios de que ambas tasas de deshielo están aumentando. Una sola gigatonelada de agua llenaría unas 400,000 piscinas olímpicas; cada gigatonelada representa mil millones de toneladas de agua".

7. Tormentas, sequías, inundaciones, incendios forestales y olas de calor se han vuelto más comunes y más intensas como consecuencia del aumento de las temperaturas y del nivel del mar.

Las Naciones Unidas descubrieron que las catástrofes relacionadas con el clima se quintuplicaron en los últimos 50 años, con un impacto desproporcionado en los países más pobres. Los desastres climáticos cuestan a los países cientos de miles de millones de dólares al año.

Los países no sólo se enfrentan a un aumento gradual de las temperaturas. También se sufren olas de calor más extremas. De hecho, las olas de calor severas que se producían una vez cada 10 años ahora se producen con el doble de frecuencia, mientras que las olas de calor aún más raras, que se producen dos veces en un siglo, ocurren cinco veces más.

8. Hasta un millón de especies están gravemente amenazadas por el cambio climático.

Los animales ya se están extinguiendo a causa de la crisis climática, ya que sus hábitats se reducen, las fuentes de agua y alimentos escasean y las condiciones de vida se endurecen. La Unión Internacional de Científicos Preocupados recientemente agregó hasta 10,967 especies de animales a la categoría de amenazados a causa del cambio climático. Las Naciones Unidas informaron en 2019 que un millón de especies están en peligro de extinción si continúan las tendencias actuales de pérdida de hábitat y cambio climático.

9. Los 20 países más ricos son responsables del 80% de las emisiones de carbono.

La crisis climática se debe principalmente a los países ricos que han quemado la mayor parte de los combustibles fósiles a lo largo de la historia. Sólo Estados Unidos es responsable del 20% de las emisiones desde 1850. Esta injusta distribución continúa hoy en día ya que el 1% más rico duplica el total de emisiones del 50% más pobre.

Por ejemplo, los países africanos sólo representan el 4% de las emisiones mundiales de carbono, mientras que el continente se enfrenta a graves sequías, desertificación y condiciones meteorológicas extremas relacionadas con el cambio climático.

10. Las emisiones de gases de efecto invernadero, principales causantes del calentamiento, han aumentado un 1.5% anual durante los últimos 10 años.

A pesar de que los científicos y los grupos ecologistas llevan décadas apurando a los países a eliminar los combustibles fósiles, las emisiones de gases de efecto invernadero derivadas de su uso siguen aumentando. La pandemia de COVID-19 supuso un descenso temporal de las emisiones, pero desde entonces han repuntado con creces hasta alcanzar su nivel más alto de la historia en 2021.

11. Más de 8 millones de personas (1 de cada 5 muertes en el mundo) mueren prematuramente cada año a causa de la contaminación provocada por los combustibles fósiles.

La quema de combustibles fósiles no sólo calienta el planeta. También llena la atmósfera de partículas tóxicas que se introducen en nuestro cuerpo y causan problemas de salud. De hecho, 8.7 millones de muertes pueden atribuirse a la contaminación por combustibles fósiles cada año.

12. Se prevé que la malnutrición, la malaria, la diarrea y el estrés térmico atribuibles al cambio climático causen unas 250,000 muertes más cada año hasta 2030.

La contaminación directa es una de las formas en que los combustibles fósiles matan a la gente. Pero también agravan indirectamente otras crisis sanitarias. Las temperaturas más cálidas amplían el alcance de los mosquitos que transmiten la malaria, al tiempo que ejercen presión sobre los sistemas alimentarios, dificultando la obtención de alimentos según la Organización Mundial de la Salud.

El Programa Mundial de Alimentos prevé que otros 189 millones de personas pasen hambre si la temperatura media mundial aumenta 2 grados centígrados por encima de los niveles preindustriales. Si las temperaturas aumentan 4 grados Celsius esa cifra podría alcanzar los 1,800 millones.

13. Invertir 1.8 billones de dólares en adaptación al clima evitaría 7.1 billones de dólares en impactos climáticos.

Ayudar a las comunidades a adaptarse a la crisis climática previene crisis sanitarias, mitiga la pobreza y estabiliza las economías, según el Departamento de Medio Ambiente de las Naciones Unidas.

14. Las energías renovables son más baratas que nunca.

Más del 62% de la energía eólica, solar y otras renovables que entraron en funcionamiento en 2020 ofrecen energía más barata que los combustibles fósiles, según el Foro Económico Mundial. Si los países trasladaran los 5.9 billones de dólares gastados en subvenciones a los combustibles fósiles a las energías renovables, los costos de la energía verde serían aún más bajos.

15. “Depende de nosotros".

Los países tienen que alcanzar el pico de emisiones de efecto invernadero en 2025 y luego reducirlas casi a la mitad para el final de la década si pretenden alcanzar el objetivo del acuerdo climático de París de evitar que las temperaturas aumenten más de 1.5 grados centígrados por encima de los niveles preindustriales.

Esto es técnicamente posible: los recursos, la tecnología y el servicio público están disponibles para lograr este cambio, según el IPCC.

Lo único que se interpone en el camino, según los autores de los últimos informes del IPCC, es la voluntad política. Los líderes mundiales y las empresas no sólo no están tomando acciones significativas contra el cambio climático, sino que siguen apoyando a la industria de los combustibles fósiles.

Así que evitar la catástrofe climática y construir un futuro que funcione para todas las personas depende de lo que hagamos hoy, mañana y en las próximas semanas y meses. Tenemos que exigir a los gobiernos que eliminen de inmediato los combustibles fósiles e inviertan en energías renovables mientras adoptamos medidas en nuestras propias comunidades para la transición a economías circulares.

Capítulo 3
El calentamiento global

Definiciones de calentamiento global

El calentamiento global es un fenómeno global de transformación del clima caracterizado por un aumento generalizado de las temperaturas medias (particularmente vinculado a las actividades humanas), y que modifica de forma permanente los equilibrios meteorológicos y los ecosistemas.

Cuando hablamos de eso hoy en día, se trata del fenómeno del aumento de las temperaturas que viene ocurriendo en la Tierra desde hace 100 a 150 años. Desde el comienzo de la Revolución Industrial, las temperaturas medias en la Tierra han aumentado de forma más o menos regular. En 2016, la temperatura promedio en el planeta Tierra estuvo entre 1 y 1,5 grados por encima de las temperaturas promedio de la era preindustrial (antes de 1850).

Definición científica del calentamiento global

Más precisamente, cuando hablamos de calentamiento global, estamos hablando del aumento de las temperaturas ligado a la actividad industrial y en particular al efecto invernadero: por lo tanto, a veces hablamos del calentamiento global conocido como "de origen antropogénico" (de origen humano). Es por tanto una forma cuyas causas no son naturales sino económicas e industriales.

Muchos científicos están estudiando este fenómeno y tratando de comprender cómo las actividades de las sociedades humanas provocan este calentamiento. Estos científicos están agrupados dentro del IPCC (Grupo Internacional de Expertos en Clima) y publican regularmente informes que estudian la evolución del calentamiento global.

Historia de la ciencia del clima

Las primeras suposiciones sobre el efecto invernadero las hizo el científico Jacques Fourier en 1824. Varios científicos después de él estudiaron e intentaron cuantificar el fenómeno, como Claude Pouillet y John Tyndall. Pero el primer experimento de validación y cuantificación precisa del efecto invernadero lo realiza el científico Svante Arrhenius a finales del siglo XIX. En la década de 1890, descubrió que el aire rico en dióxido de carbono retiene más calor de la radiación solar, lo que conduce a un aumento de la temperatura del aire. Concluye que si se liberan grandes cantidades de carbono a la atmósfera (debido a las actividades industriales que funcionan con la combustión del carbón), el aire absorberá CO2 y retendrá más calor. Las primeras estimaciones del aumento de temperatura realizadas por Arrhenius u otros científicos de la época como el geólogo Thomas Chamberlin son las siguientes: si duplicamos la cantidad de gases de efecto invernadero en la atmósfera, la temperatura media aumentará en 5 grados. En 1901, Gustaf Ekholm utilizó por primera vez el término "efecto invernadero" para describir el fenómeno.

Durante varias décadas estos descubrimientos no fueron tomados en serio por la comunidad científica. En su momento muchos especialistas creían que la naturaleza podía autorregularse y que el impacto del hombre era mínimo. En particular, muchos científicos pensaron que el exceso de CO2 sería absorbido por el océano de todos modos, lo cual es cierto, pero no totalmente. Sin embargo, la tesis de la posibilidad de un calentamiento global vinculado a los gases de efecto invernadero (incluido el dióxido de carbono) fue finalmente validada en la década de 1940 por Gilbert Plass. Utilizando tecnologías modernas, demuestra definitivamente que la concentración de gases de efecto invernadero en la atmósfera influye en la capacidad del aire para retener los rayos infrarrojos y el calor. Estas son las primeras definiciones del calentamiento global.

La toma de conciencia

En la década de 1960, varios científicos demostrarían que las suposiciones sobre el efecto invernadero eran reales. Charles David Keeling, por ejemplo, demuestra que la concentración de CO2 en la atmósfera aumenta gradualmente gracias a sus mediciones cerca de Hawai. Roger Revelle demostró que el carbono liberado por la combustión de combustibles fósiles no era absorbido inmediatamente por el océano. Los científicos comienzan a preocuparse cada vez más por el calentamiento global y, en consecuencia, la sociedad política comienza a tomar en cuenta este problema.

En 1971 la primera Cumbre de la Tierra evocó por primera vez en una gran conferencia internacional la definición de calentamiento global y sus consecuencias. En 1972, John Sawyer publicó un informe científico destacando cada vez más los vínculos entre el calentamiento global y el efecto invernadero. Durante más de una década, la evidencia se acumuló en la comunidad científica al punto que, a mediados de la década de 1980, las 7 mayores potencias económicas del mundo (el G7) solicitaron a la ONU la creación de un grupo de expertos encargados de investigar el tema. Esta es la primera vez que hay una consideración real y una definición real del calentamiento global como un problema público por parte de las instituciones internacionales.

Los primeros informes del IPCC

El IPCC (Panel Intergubernamental sobre el Cambio Climático) fue creado en 1988 con el objetivo de estudiar la evolución del fenómeno del calentamiento global y sus consecuencias. Reúne a cientos de científicos, climatólogos, geólogos, oceanógrafos, biólogos, pero también economistas, sociólogos o ingenieros y otros especialistas de diversos campos para tener una visión global de este fenómeno.

El IPCC está estructurado en tres grupos de trabajo:

- El primero en estudiar el cambio climático como fenómeno: el proceso, su extensión.

- El segundo se especializa en las consecuencias del calentamiento global, la vulnerabilidad de los ecosistemas y las sociedades y la adaptación al calentamiento global.

- Finalmente, el último grupo se encarga de estudiar la cuestión de la lucha contra el calentamiento global.

El IPCC realiza su primer informe en 1990, luego varios otros periódicamente hasta su último informe en 2014. En estos informes, la comunidad científica del IPCC analiza las causas del calentamiento global y su impacto en el ecosistema y en la sociedad, mediante el desarrollo de modelos predictivos. A partir de estos modelos y previsiones, las autoridades públicas y las empresas pueden poner en marcha estrategias para luchar contra el calentamiento global o para adaptarse mejor a él.

La causa del calentamiento global: el efecto invernadero

Ya en el siglo XIX, los científicos ya planteaban la hipótesis de que la temperatura en la tierra dependía de un fenómeno llamado efecto invernadero. En resumen, si en la Tierra hace relativamente calor es porque nuestra atmósfera está formada por gases que retienen el calor, como un invernadero. Este efecto invernadero es fundamental para el equilibrio de los ecosistemas terrestres. Sin este equilibrio, todo sería diferente porque la temperatura no sería capaz de calentar el planeta de forma sostenible. El problema es que durante 150 a 200 años vemos que este efecto parece "perturbado" y amplificado. En resumen, el planeta se está calentando cada vez más. Pero entonces, ¿cuáles son las causas de este calentamiento?

Las causas del calentamiento global moderno

Desde hace 200 años, lo que ha cambiado es la Revolución Industrial. Para nuestras actividades económicas e industriales, hemos desarrollado máquinas y tecnologías en todo el planeta que necesitaban energía para funcionar. Para producir esta energía, usamos madera, carbón, luego petróleo, gas... Y al quemar todos estos recursos para producir energía, emitimos cada vez más gases de efecto invernadero a la atmósfera y, en particular, CO2, dióxido de carbono.

Como resultado, se ha alterado el equilibrio habitual de la atmósfera y se ha amplificado el efecto invernadero. Como resultado, el clima se está calentando y hoy medimos temperaturas promedio en el planeta que son casi 1 grado más altas que las temperaturas preindustriales (es decir, las temperaturas de principios del siglo XIX).

¿De dónde provienen las emisiones de CO2 que provocan el calentamiento global?

En todo el mundo, existen muchas fuentes de emisiones de gases de efecto invernadero que pueden contribuir al calentamiento global. Las principales fuentes de estas emisiones son de origen humano, es decir, son causadas por actividades humanas. Algunas son de origen natural: por ejemplo, los pantanos o humedales emiten metano, que es un gas de efecto invernadero, cuando la materia orgánica fermenta bajo el efecto de la humedad. Los volcanes también pueden emitir gases de efecto invernadero. Sin embargo, la mayoría de las emisiones recientes que han amplificado el efecto invernadero son causadas por humanos.

Fuentes de emisiones de CO2 provocadas por el hombre

La principal fuente de gases de efecto invernadero producidos por el hombre es el uso de energía. Al quemar energías como el carbón, el gas o el petróleo para producir energía o para hacer funcionar los motores de nuestros medios de transporte, emitimos CO2 que contribuye al calentamiento global. Así, cerca del 25% de las emisiones globales de CO2 están vinculadas a la producción de energía (electricidad y calor) a las que hay que sumar la energía utilizada en el transporte (petróleo y gasóleo) que representa alrededor del 14% de las emisiones de CO2. Y como con la industrialización, el consumo masivo y la globalización necesitamos cada vez más energía y cada vez más petróleo para movernos, esto produce cantidades muy grandes de gases de efecto invernadero.

Es por ello que hoy las sociedades modernas invierten en energías renovables, que emiten mucho menos CO2 que los combustibles fósiles.

La transformación de los ecosistemas es también una fuente de emisiones de CO2. Por ejemplo, cuando cortamos árboles, debilitamos el potencial de los ecosistemas para almacenar CO2, por lo que indirectamente aumentamos nuestras emisiones. Esto se llama deforestación. Al destruir ciertos ecosistemas que capturan CO2, como los bosques vírgenes, aumentamos el calentamiento global. Es el mismo problema con la acidificación de los océanos: contaminamos los océanos y esto reduce su capacidad de absorber CO2, lo que indirectamente aumenta el efecto invernadero.

Finalmente, ciertas actividades como la agricultura también emiten muchos gases de efecto invernadero. La ganadería, o los cultivos en ambientes húmedos como el cultivo del arroz emiten mucho metano, un potente gas de efecto invernadero que contribuye fuertemente al calentamiento global.

Emisiones de CO2 por sector

Así, si tuviéramos que dividir la economía en diferentes sectores y distribuir las emisiones de CO2 entre estos diferentes sectores, esto es lo que obtendríamos según un estudio del World Resource Institute.

1. Transporte por carretera (13 % o 10,5 % para el transporte por carretera, poco más del 3 % para otros tipos de transporte)
2. Deforestación: (10,9%)
3. Consumo de energía de los edificios residenciales (10,2%);
4. Industrias manufactureras (7%);
5. Industrias de petróleo y gas (6,4%);
6. El consumo energético de los edificios terciarios (6,3%);
7. Ganadería (5,4%);
8. manejo de suelos agrícolas y producción agrícola (5,2%);
9. Producción de cemento (5%);
10. Producción de productos químicos (4,1%).

Sabiendo que cada uno de estos sectores usa energía y produce emisiones de diferentes maneras, tiene sentido que todos contribuyan un poco a las emisiones globales de CO2.

Causas naturales del calentamiento global

A veces también hablamos de las causas naturales del calentamiento global. Es cierto que ciertos fenómenos pueden influir en el efecto invernadero y contribuir aún más a provocar el calentamiento global. Pero debe tenerse en cuenta que estos fenómenos suelen ser marginales en comparación con las emisiones humanas de CO2. Peor aún, a veces son consecuencia de las emisiones humanas de CO2.

Por ejemplo, el derretimiento del permafrost en ciertas zonas frías del planeta tiene el efecto de liberar a la atmósfera grandes cantidades de metano que antes estaban almacenadas en el suelo. Si bien este fenómeno puede parecer "natural" a primera vista, en realidad es causado por las emisiones humanas de CO2 y el calentamiento que implican. De hecho, al emitir CO2 en la atmósfera aumentamos la temperatura, lo que derrite el permafrost y amplifica aún más el calentamiento global.

Clima o ciclos solares: ¿causas del calentamiento global?

A veces también escuchamos que el calentamiento global está relacionado con los ciclos climáticos naturales o con las variaciones en los ciclos solares. Es cierto que el clima varía permanentemente según ciclos a veces largos y complejos. También es cierto que la potencia del sol varía con el tiempo y esto influye en el clima. Sin embargo, el consenso científico actual es que estos fenómenos no tienen la culpa del calentamiento global actual. De hecho, en cualquier caso, el ciclo solar actual debería enfriar nuestro planeta y, sin embargo, se está calentando. Este argumento utilizado por los climatoscépticos es, por lo tanto, científicamente inexacto.

Las consecuencias

Gracias al trabajo del IPCC y de otros científicos que trabajan en la definición del calentamiento global, ahora comprendemos mejor las consecuencias de este fenómeno en nuestras vidas. En la mente de muchos, el calentamiento global es un tema relativamente lejano que simplemente implica que se calentará más. Pero, de hecho, las consecuencias son mucho más profundas.

Consecuencias en el ecosistema y el planeta

En primer lugar, un aumento de las temperaturas debido al calentamiento global afecta a todo el ecosistema global y no solo al calor que se siente. El tiempo se altera, con un aumento de los fenómenos meteorológicos extremos, cambios en los patrones meteorológicos habituales. Eso significa más tormentas, más inundaciones, más ciclones y sequías.

La capacidad reguladora de los océanos también se ve afectada por un aumento de la temperatura. Si las temperaturas globales aumentan de manera muy significativa, habrá por lo tanto un aumento en los niveles de los océanos, pero también una acidificación y desoxigenación de las áreas oceánicas. Además, demasiada acidificación de los océanos podría limitar la capacidad de los mares del mundo para producir oxígeno y almacenar CO2 y, por lo tanto, aumentar aún más el calentamiento global. Pero también puede afectar áreas forestales y ecosistemas frágiles (barrera de coral, selva amazónica) así como la biodiversidad (corales, ciertos insectos e incluso mamíferos pueden no sobrevivir).

El cambio climático global en el planeta no es un secreto para nadie, pero sus efectos en el océano son un poco menos conocidos. Sin embargo, es una gran disrupción para ellos, ya que representan el 75% de la superficie del globo y proporcionan alimento a 8 mil millones de seres humanos en breve. Los océanos son también el principal impulsor de la dinámica climática de nuestro planeta: por lo tanto, comprendemos mejor por qué se los vigila de cerca. La respuesta de los océanos al cambio climático produce impactos a veces espectaculares y muy concretos.

El Niño y el aumento del nivel del mar

A nadie se le ha escapado: el océano es agua. Y el agua, cuando se calienta, se expande: por lo tanto, un litro de agua a 15 grados ocupará más espacio que un litro a 13 grados. Así que multiplica esto por el volumen de agua presente en el planeta (1400 millones de Km3) y podrás imaginarte el daño que puede causar una pequeña subida de 0,7 grados. 0,72 grados centígrados es exactamente la cantidad de anomalía de temperatura registrada en la superficie de los océanos que fue la mayor jamás registrada.

Este aumento de las temperaturas se debe principalmente a un fenómeno de El Niño que se considera el más grande jamás registrado en los anales. Este fenómeno está relacionado con una corriente marina frente a Perú, que aparece alrededor de Navidad con una frecuencia irregular de 2 a 7 años. Se caracteriza por un calentamiento anormal de la temperatura superficial, lo que provoca un cambio significativo en el funcionamiento climático de la zona. El Niño provoca fuertes inundaciones en América del Sur, una gran sequía que desencadena monstruosos incendios forestales en Australia e impacta hasta el continente africano. Habiendo causado 24.000 víctimas y 34.000 millones de daños durante su episodio de 1997-1998, entendemos que la ONG Oxfam está dando la voz de alarma: El Niño constituye "una crisis de dimensión mundial" que "corre el riesgo de tener consecuencias trágicas".

Los vínculos entre el calentamiento global del planeta y El Niño aún no están bien establecidos: no sabemos quién alimenta al otro, pero sabemos que están relacionados. No es coincidencia que los 3 episodios más grandes de El Niño registrados hayan tenido lugar en los últimos 20 años, al igual que los 3 años más calurosos registrados desde 1880: 2010, 2014, 2015.

El aumento de la temperatura de los océanos supone una amenaza real para ciudades como Venecia, Nueva York o Singapur: corren el riesgo de seguir a más o menos corto plazo el destino de estas 5 islas del archipiélago de las Salomón, cuyo hundimiento ha constatado un estudio australiano. Éstas ciudades se hunden por su propio peso y a pesar de ellos sus construcciones se alojan muy cerca de la costa a muy poca altura: estos dos factores hacen temer inundaciones marinas en caso de temporal y luego por el simple paso del tiempo.

El calentamiento global y la muerte de los corales

El Niño es directamente responsable de la decoloración de miles de kilómetros de la Gran Barrera de Coral de Australia. El fenómeno provoca una decoloración de los corales que expulsan las algas con las que viven en simbiosis. Pueden recuperarse, pero también morir si el episodio de altas temperaturas no cesa. Y dada la magnitud de El Niño, es probable que se verifique esta segunda hipótesis. Si a esto le sumamos la acidificación de los océanos causado por el exceso de CO2 en la atmósfera, tendrá que actuar rápido si se quiere visitar los últimos corales masivos. La absorción de este CO2 por las aguas superficiales reduce el pH del océano, lo que limita la capacidad de los microorganismos para construir una concha calcárea, como lo hacen los corales. Se considera que el pH del océano hoy es de 8, podría terminar en 7,6 si no se hace nada para limitar las emisiones de gases de efecto invernadero. El agua ácida disuelve los carbonatos necesarios para la constitución de las conchas o esqueletos calcáreos (llamados “ensayos”). de erizos de mar, corales y otros moluscos.

Este es el anuncio de una pérdida total tanto para la economía australiana, que ha hecho de la Gran Barrera de Coral uno de sus activos turísticos, como para los servicios ecosistémicos. Detrás de este concepto se esconden los servicios que los ecosistemas naturales prestan al hombre: se pueden cuantificar, como la amortiguación de las tormentas por el papel de "rompeolas" de los corales, el turismo o el papel de vivero de especies pesqueras. Entonces, si la Gran Barrera de Coral no se recupera de este episodio masivo de blanqueamiento, ya no cumplirá muchas funciones, lo que afectará el turismo, la pesca y, por supuesto, el ecosistema marino costero en su totalidad.

Océanos, calentamiento global y migración polar

Este es un efecto que fue revelado por un estudio de 40 años que analizó las respuestas adaptativas de 1.735 especies marinas al cambio climático. Los efectos son impresionantes y claramente medibles: el agua es un medio mucho más estable que la superficie terrestre, por lo que los animales que se han adaptado a este medio reaccionan mucho más rápido (para bien o para mal) al más mínimo cambio, especialmente de temperatura. El fitoplancton (micro algas en la base de la cadena alimentaria) migra... 467 km por década. Algunos peces óseos se mueven 277 km por década, obligando a todo un biotopo a migrar con ellos. El problema es que estos cambios geográficos afectan a toda la cadena alimentaria, incluida la alimentación humana, a través de la pesca. Al final, el 81% de los cambios observados por este estudio estarían bien correlacionados con el calentamiento de los océanos.

Lluvia ácida

La lluvia ácida es la precipitación, nevada o rocío que tiene un alto contenido de ácido nítrico o sulfúrico. Esta agua de lluvia rica en ácido contamina los cursos de agua.

La lluvia ácida es el resultado de la actividad humana (quema de combustible o fábricas), aunque también puede derivarse de la actividad volcánica u otras causas naturales.

La lluvia ácida afecta suelos, mares, ríos, océanos, lagos, bosques y selvas. Tienen un impacto negativo en el equilibrio del medio ambiente y el bienestar de la vida en general.

La desoxigenación, una amenaza para nuestro "pulmón azul"

Otra amenaza poco conocida está relacionada con el fitoplancton, que proporciona la mitad del oxígeno que respiramos a través de la fotosíntesis (sí, son algas). El aumento de la temperatura superficial limita la producción de CO2 a partir del fitoplancton y su transferencia a las capas más profundas del océano. La consecuencia es simple: el límite de la "zona mínima de oxígeno" (OMZ) solo avanza hacia la superficie, a razón de un metro por año. Las especies pelágicas (atún, marlín), que viven en alta mar y en profundidad, ven por tanto su hábitat "comprimido" y limitado. El ascenso de esta OMZ produce por tanto zonas pobres en oxígeno, poco propicias para la vida. Las áreas más afectadas se encuentran en los trópicos y el ecuador.

Cuando sabemos que el 88% de los stocks pelágicos ya se encuentran al máximo de su explotación humana, vemos sobreexplotados, solo podemos preocuparnos por las consecuencias de esta pérdida de hábitat.
Por lo tanto, los océanos del planeta se enfrentan a desafíos sin precedentes en la larga historia de la Tierra: somos directamente la causa, pero también podemos ser la solución. De hecho, un estudio anuncia que ciertamente se ha subestimado la parte de la capa de hielo antártica, su derretimiento puede elevar el nivel del mar de 50 cm a un metro en cien años, pero que si el hombre limita sus emisiones de gases se reducirá y su impacto será marginal para el aumento del nivel del mar

Consecuencias en la sociedad y la economía

Sobre la sociedad y la economía, el calentamiento global puede tener potencialmente varias consecuencias: la capacidad de las sociedades para adaptarse a un nuevo clima, para adaptar sus infraestructuras, en particular las médicas, pero también sus edificios. El calentamiento global también tendrá consecuencias sobre la salud pública, la capacidad alimentaria de los países...

Uno podría pensar que un aumento de 2 grados en las temperaturas promedio tiene poco efecto en las sociedades humanas. Y, sin embargo, el cambio climático podría convertirse en un verdadero problema para el desarrollo económico y social.

El cambio climático tiene consecuencias significativas para los ecosistemas. Pero no es sólo un problema de ecología, protección de la biodiversidad o medio ambiente. El cambio climático también afecta a la sociedad humana.

¿De qué manera el cambio climático es un problema real en relación con el desarrollo económico y social? Resumen en 5 puntos.

1- El cambio climático afecta primero a los países menos desarrollados

Los países más afectados por el cambio climático suelen ser los países del Sur. En aquellas zonas donde las condiciones climáticas ya son difíciles, un cambio climático de 2 grados podría tener consecuencias difíciles. Las áreas áridas y semiáridas podrían recibir incluso menos lluvia, lo que haría que la agricultura fuera casi imposible. Los países de Asia y el Sudeste Asiático podrían enfrentarse a fenómenos meteorológicos peligrosos más intensos y frecuentes, lo que debilitaría aún más su infraestructura. Además, el cambio climático afectará inevitablemente al turismo, que suele ser un recurso esencial para los países del sur. Bajo estas condiciones, es difícil para las poblaciones más pobres hacer frente, especialmente porque estos son a menudo países que carecen de los recursos para proteger a sus poblaciones o para adaptarse a los desastres climáticos.

Mientras tanto, en Europa, el cambio climático también tendrá un impacto (más inundaciones, más incendios, estaciones alteradas). Pero esto debería afectar menos al ahorro. En consecuencia, es muy probable que aumente la presión migratoria (poblaciones vulnerables de los países del sur que buscan venir a regiones más favorables). Sabemos que el cambio climático ya está generando flujos migratorios, y cuanto más se intensifique el cambio climático, más aumentarán estos flujos. Cuando conocemos las cuestiones que plantea la inmigración en Europa o en otros países económicamente favorecidos, solo podemos imaginar las dificultades que esto planteará en el futuro.

2- El calentamiento global impacta en los más vulnerables

Los más vulnerables suelen ser las primeras víctimas del cambio climático. Los ancianos y los niños pequeños son más sensibles a las altas temperaturas o al mal tiempo.

Del mismo modo, las personas sin hogar suelen ser víctimas de las olas de calor y cada vez será más difícil para las organizaciones de salud pública gestionar este problema. En los hospitales, las condiciones extremas también pueden plantear problemas a los enfermos o a las mujeres embarazadas, por ejemplo.

Y la situación es aún peor en los países más cálidos o en aquellos que no cuentan con las infraestructuras sanitarias adecuadas. Es probable que a todas las poblaciones que viven en barrios marginales o en zonas rurales remotas les resulte más difícil sobrevivir en condiciones climáticas transformadas.

Como resultado, el cambio climático tiene efectos sociales significativos: debilita a poblaciones ya vulnerables.

3- El cambio climático podría causar problemas de suministro de alimentos

Los efectos ya se están sintiendo en algunos países donde las condiciones climáticas cambiantes están afectando a la agricultura. En Francia, los viticultores ya están viendo cambiar sus condiciones de producción, pero este también es el caso de los pequeños agricultores en muchos países en desarrollo. Las fechas de cosecha son erráticas, las cantidades suelen reducirse cuando el calor priva a las plantas de agua, o cuando las lluvias intensas las ahogan... En resumen, la producción agrícola se vuelve menos predecible, menos estable en el tiempo y es más difícil gestionar el inventario.

Hoy, el calentamiento global ya está contribuyendo al hambre en el mundo, pero podría contribuir a problemas más profundos de suministro de alimentos en el futuro. También podríamos ver un aumento en el precio de las materias primas, ligado a la escasez de recursos y condiciones de producción más difíciles e inciertas. Y nuevamente, son los más pobres y vulnerables los primeros en verse afectados por estos problemas.

3- El calentamiento global aumenta las desigualdades

El calentamiento global también podría aumentar las desigualdades en el mundo. Primero entre países: dado que los países del sur se ven más afectados, también lo es su crecimiento. El bajo crecimiento también significa menores ingresos, especialmente para los primeros eslabones de las cadenas productivas (pequeños agricultores y trabajadores).

Esto también puede tener un efecto en términos de capacidad de adaptación. Los ricos tienen así una mayor capacidad para protegerse frente a los efectos adversos del cambio climático (como las inundaciones en el sur de Francia, por ejemplo) mientras que a un pobre le resulta más difícil asegurarse adecuadamente frente a estos riesgos. Como resultado, el cambio climático podría contribuir a perpetuar las desigualdades, incluso en los países desarrollados.

Además, el aumento de las desigualdades podría dar lugar a conflictos sociales en determinadas regiones. Presión sobre los recursos hídricos o alimentarios, disputas territoriales... la lista de problemas que puede causar el calentamiento global es larga.

4- La lucha contra el calentamiento global cuesta dinero

Finalmente, uno de los problemas fundamentales del calentamiento global es que es costoso. La lucha contra el calentamiento global tiene un coste importante: construcción de infraestructuras adecuadas, adecuación de infraestructuras urbanas y edificios, pero también sistemas sanitarios y energéticos. Es potencialmente una cantidad de varios miles de millones, que podrían haberse asignado a programas educativos o programas sociales, o incluso a programas de creación de empleo. Básicamente, si el Estado debe gastar más dinero en la lucha contra el cambio climático, en la reparación de infraestructuras tras los desastres naturales, es tanto dinero que no gastará en mejorar las condiciones sociales. ¡El cambio climático puede incluso aumentar los impuestos!

Los riesgos económicos del calentamiento global

Cada año, el Foro Económico Mundial publica su "Informe de Riesgo Global" en el que examina los principales riesgos que pesan sobre la economía mundial. Los expertos en geopolítica mundial consideran que el cambio climático es la amenaza más grave para la economía y la seguridad mundial, por delante del terrorismo, la proliferación de armas y los ciberataques.

El cambio climático sería una amenaza mayor que las armas de destrucción masiva. La afirmación puede parecer difícil de comprender. Sin embargo, el análisis es muy serio: el Foro Económico Mundial le pidió a más de 750 expertos en geoestrategia, economía y geopolítica que analizaran 29 riesgos que pesan sobre la seguridad y la economía mundial. Estos expertos debían evaluar el impacto y la potencialidad de tales riesgos, y por primera vez desde que se publicó el informe, la incapacidad de adaptarse al cambio climático estaba en la parte superior de la lista en términos de impacto, frente al agua, crisis de recursos o migraciones forzadas. Por otro lado, en términos de potencialidad, este riesgo climático se encuentra en la 3ra posición, en efecto, en los últimos años, el cambio climático ya ha comenzado a tener graves consecuencias: olas de calor en varios países de Oriente Medio, sequía en Estados Unidos, multiplicación de fenómenos meteorológicos extremos ... Las consecuencias sociales del cambio climático también han sido fuertes, especialmente en los países en desarrollo, donde las poblaciones pobres se han visto amenazadas por hambrunas debido a las malas cosechas. En muchos países, como las icónicas Islas Marshall, el cambio climático podría tener consecuencias dramáticas en términos de inundaciones o aumento de las aguas. El fenómeno debería continuar, y por primera vez si la tendencia se confirma, el clima debería cruzar la barra de 1 grado por encima de la era preindustrial.

Será necesario, por tanto, adaptarse a unas condiciones meteorológicas cada vez más difíciles, tan extremas que pueden amenazar la economía local.

Cambio climático: ¿un factor desencadenante?

La importancia del cambio climático en este informe se debe también a su aspecto sistémico. De hecho, el cambio climático tiene un potencial efecto desencadenante sobre los demás riesgos de la lista. Por lo tanto, el cambio climático puede conducir a una migración forzada a gran escala. Algunos expertos también creen que el deterioro de las condiciones climáticas fue un detonante de las revoluciones árabes y el conflicto sirio., habiendo dado lugar, como sabemos, a fuertes migraciones. Para el agua, el problema es similar: una crisis grave en la gestión del agua es posible en ciertas áreas, especialmente para los países que bordean el Tigris u otros ríos importantes en áreas bastante áridas. Sin embargo, el cambio climático solo agravaría estos conflictos potenciales, al crear una presión adicional sobre el recurso.

También sabemos que el cambio climático dificulta la cosecha de ciertos productos. Esto puede, a largo plazo, conducir a crisis en los precios de las materias primas, hambrunas y por lo tanto conflictos sociales y económicos. Este es particularmente el caso en África o en todos los países donde la seguridad alimentaria no está garantizada.

De hecho, el cambio climático es un verdadero catalizador de todas las amenazas existentes a nivel global, lo que lo convierte en el riesgo más importante.

Implicaciones comerciales

Finalmente, las empresas también corren el riesgo de verse afectadas por el cambio y el calentamiento global. De hecho, en un contexto donde el clima está cambiando, es más difícil adaptar las actividades.

Las consecuencias del calentamiento global en las empresas

Las empresas están más preocupadas por el cambio climático que hace 30 años. Sin embargo, los esfuerzos implementados por el sector privado para luchar aún están lejos de ser suficientes para reducir realmente el calentamiento global. Aquí hay 5 razones por las que las empresas deberían tomar más medidas contra el cambio climático:

1- La modificación de ecosistemas y recursos

Con el cambio climático, los ecosistemas cambiarán. No estamos hablando solo de la desaparición de una rara especie de rana en la Amazonía o la destrucción de una especie de orquídea. No, la transformación de los ecosistemas puede ser muy importante y afectar cada vez más a las empresas.

Por ejemplo, en California, los períodos de sequía se están alargando, mientras que en India el monzón se está debilitando. En todas las regiones del planeta, los ecosistemas cambiarán y con ellos los recursos. Ya no podremos practicar la agricultura de la misma manera en las mismas regiones, pero esto también es el caso de las actividades pesqueras o mineras. Algunos recursos naturales desaparecerán o se reducirán. Por ejemplo, el caudal de los ríos en Europa podría caer entre un 6 y un 19%, arrastrando consigo la producción de electricidad hidráulica y todos los sectores que dependen de ella.

¿Qué harán los fabricantes de chocolate o crema para untar si la avellana se convierte en un bien escaso debido al clima?

Las actividades afectadas son:

- Agricultura;
- La tala y todas aquellas actividades que utilicen masivamente la madera;
- Pesca/caza/cría y todas las actividades relacionadas con la industria alimentaria;
- Actividades mineras;
- Energías.

2- La multiplicación de los desastres naturales
El cambio climático es también sinónimo de aumento de los desastres naturales. No más inundaciones, ciclones o incendios... Esto tiene un impacto en las actividades económicas.

Todo lo que se encuentra en zonas de riesgo (zonas costeras, áridas o propensas a desastres) se ve potencialmente afectado. Las consecuencias son entonces numerosas: aumento de los seguros, infraestructura a reforzar, posible obligación de trasladar sus actividades... Incluso las empresas ubicadas en áreas relativamente protegidas podrían verse afectadas. Todas las actividades internacionales que involucren transporte podrían verse penalizadas por condiciones climáticas más difíciles. En general, el aumento del riesgo también conduciría a un aumento de los costos para las empresas, ya sea en seguros o costos de reparación.

Las actividades afectadas son:

- Seguros y finanzas;
- Actividades industriales en zonas de riesgo;
- Transporte y Logística;
- Actividades costeras;
- La mayoría de las pymes de baja resiliencia.

3- La transformación de los modelos climáticos

Una consecuencia del cambio climático que ya estamos viendo en determinadas zonas del globo es, sencillamente, la modificación de los modelos climáticos.

Si cambia el calor, el frío y las estaciones, todos los productos y servicios que dependen de estas condiciones climáticas se ven afectados. El turismo náutico o de montaña, la hostelería, los productores de alimentos, los comercializadores de energía, las empresas constructoras... Todas estas actividades tendrán que revisar su modelo económico.

Las actividades afectadas son:

- Turismo y Hospitalidad;
- agroalimentario;
- Edificación;
- Energía;
- Productos de consumo;
- Industria textil y de la moda.

4- Cambios en la normativa

Quien dice calentamiento global dice también modificación del marco regulatorio. Ya podemos verlo en muchos países y particularmente en Francia, las nuevas leyes imponen nuevas obligaciones a las empresas en la lucha contra el cambio climático. Si al día de hoy esta regulación sigue siendo limitada, cabe imaginar que en el futuro las empresas se verán obligadas a dotarse de sistemas de medición y reducción de sus emisiones de CO2, que afectará al mercado del carbón, o incluso que se implantará un impuesto al carbono.

Todos estos mecanismos implican costes para la empresa, y por tanto la obligarán a replantearse determinados aspectos de su modelo de negocio. Una razón más para preocuparse por el cambio climático antes de enfrentarse al hecho consumado de los nuevos estándares legales.

Las actividades afectadas son:

- Potencialmente todas las empresas;
- En particular: finanzas y seguros;
- también: industria pesada, productos químicos, los mayores contaminadores.

5- La imagen de la empresa ante los problemas ambientales

Finalmente, el último argumento (y no menos importante) que debería empujar a las empresas a preocuparse por el cambio climático: su imagen.

Con el cambio climático, los consumidores están cada vez más preocupados por el consumo responsable. Buscan productos que combinen el respeto por el medio ambiente, el respeto por las normas sociales y la transparencia. Si las empresas no actúan para luchar contra el cambio climático, terminarán pagándolo a través de una crisis en su reputación con los consumidores. Por el contrario, aquellos que hagan lo mejor para reducir la crisis climática tendrán más éxito.

Tantas razones para que las empresas tengan más en cuenta el cambio climático y hagan más para limitar sus consecuencias.

Cómo luchar contra el calentamiento global

Para luchar contra el calentamiento global, primero debemos reducir nuestras emisiones de gases de efecto invernadero. Para ello, la primera vía es recurrir a las energías renovables y evitar los combustibles fósiles. Pero también debemos reducir nuestro consumo de energía, evitar el desperdicio de alimentos, comer mejor evitando productos que dejen una huella de carbono demasiado grande, optimizar el uso de los recursos... En definitiva, debemos adaptar nuestra forma de vida a la noción de resiliencia y desarrollo sostenible. También debemos transformar nuestras sociedades para avanzar hacia un modelo industrial y una globalización que tenga en cuenta la ecología.

Las empresas están y estarán en el futuro muy afectadas por el cambio climático. Sin embargo, muchos no saben qué pueden hacer para combatirlo. Aquí hay 10 acciones que todas las empresas podrían implementar para contribuir a la lucha contra el calentamiento global.

1 – Medir las emisiones de gases de efecto invernadero y analizarlas

El primer paso para cualquier empresa que quiera reducir su impacto en el clima es medir sus emisiones de gases de efecto invernadero (GEI). Para ello, muchas agencias privadas, certificadas, pueden ayudar a las empresas a medir sus emisiones de CO2. Todas las empresas pueden dar este paso.

Una vez conocidas las emisiones de GEI, se deben analizar para ver qué actividades de la empresa son las más contaminantes. Una vez que se realiza este análisis, las empresas pueden comenzar a pensar en soluciones para reducir las emisiones.

2 – Reducir el consumo de energía

Apagar las luces al salir de la oficina por la noche, bajar ligeramente la temperatura de la calefacción o el aire acondicionado, extraer los enchufes cuando no se estén utilizando... Prestando atención a diario, las empresas pueden reducir ligeramente su consumo energético y, por tanto, su impacto en el clima.

Si cada empresa, redujera su consumo en un pequeño porcentaje, el efecto sobre el clima ya sería fuerte.

3 – Utilizar energías renovables

Hoy en día, cada vez más personas optan por las energías renovables, y también para las empresas es una solución interesante. Al evitar los combustibles fósiles, reducimos significativamente nuestra huella en el clima.

4 – Reducir los residuos y luchar contra la obsolescencia

Otra forma de reducir su huella climática es reducir sus desechos. Ya sean residuos industriales de una gran empresa o residuos de papel de una pequeña pyme del sector terciario, todas las empresas producen residuos.

Evite los vasos, agitadores y cápsulas desechables en la máquina de café, reduzca la impresión, piense en reutilizar el papel como papel de desecho, clasifique adecuadamente los residuos... Las soluciones no faltan, y los empleados suelen tener inventiva si están motivados por la dirección.

También es importante usar bien su equipo para evitar que se degrade y repararlo cuando se estropee en lugar de comprar uno nuevo.

5 - Optimizar el transporte de los empleados

Como sabemos, el transporte es uno de los mayores sectores emisores de gases de efecto invernadero. Al incentivar a los empleados a usar el transporte público, reducimos significativamente las emisiones indirectas de CO2 de la compañía y, por lo tanto, su impacto climático.

Organizar grupos de **carpooling** internos (viajar varias personas en un mismo vehículo para llegar a un destino común) también es una buena manera de crear solidaridad dentro de la empresa.

6 - Elegir infraestructuras y equipamientos más ecológicos

Ahora es posible optar por infraestructuras y equipamientos más ecológicos. Esto abarca desde una flota de vehículos híbridos hasta la renovación de edificios de acuerdo con los últimos estándares ambientales, pasando por la elección de papel reciclado. Todos los consumibles se pueden elegir según criterios medioambientales: impresoras, pantallas de bajo consumo, productos de limpieza e incluso muebles (de madera certificada, por ejemplo).

7 - Elegir bien a los socios comerciales

Cada empresa también tiene una responsabilidad en la elección de sus socios comerciales. Elegir un proveedor es una elección ecológica y toda empresa debe hacer el esfuerzo de elegir proveedores con las mejores prácticas ambientales.

Esto se aplica a la cadena de suministro, pero también a cualquier distribuidor. Para las empresas financieras, también es necesario orientar las inversiones de forma prioritaria hacia las empresas "verdes".

8 – Educar a sus empleados, partes interesadas y clientes

Como agente económico, la empresa también tiene un papel en la sensibilización de sus empleados, sus grupos de interés y sus consumidores. La organización de concursos internos ayuda a movilizar a sus empleados y la realización de campañas de sensibilización con sus clientes ayuda a mejorar la concienciación.

Estos pequeños gestos crean gradualmente el caldo de cultivo para las mejores prácticas que las personas luego reproducen en casa y transmiten a sus amigos... En cierto modo, el efecto bola de nieve.

9 – Promover formas ecológicas de trabajar

Algunas formas de trabajar son más ecológicas que otras: el teletrabajo, por ejemplo, tiene muchas ventajas desde el punto de vista ecológico. También podemos pensar en la videoconferencia que evita que los empleados tengan que desplazarse en coche para reuniones con determinados clientes.

El trabajo en papel también tiene un impacto ambiental más fuerte que el trabajo en computadora. Pero no debemos caer en el extremo opuesto porque

Internet también tiene un impacto ambiental importante. Por lo tanto, evitar poner a toda la empresa en copia de un correo electrónico que concierne a un solo departamento ahorra mucho CO2.

10 – Abogar por la lucha contra el cambio climático

Finalmente, el papel de las empresas también es político. En su territorio, a nivel regional o nacional, las empresas que quieran luchar contra el cambio climático deben ser militantes. Al presionar a los políticos y actores públicos para que actúen sobre el calentamiento global, pueden tener una gran influencia. Si las empresas están activas, esto puede conducir a nuevas regulaciones ambientales que pueden tener un impacto significativo contra el calentamiento global.

Capítulo 4
La deforestación

La deforestación es el fenómeno de reducción de las áreas forestales. Hablamos de deforestación cuando áreas de bosque se pierden permanentemente (o al menos se pierden a largo plazo) para otros usos como la agricultura, la urbanización o la minería.

Las causas de la deforestación

A nivel mundial, la pérdida de áreas forestales (la deforestación) es provocada por múltiples factores, algunos humanos y otros naturales. Los factores naturales incluyen incendios forestales, enfermedades que pueden afectar a los árboles o parásitos.

Pero son sobre todo las actividades humanas las responsables de la deforestación mundial. Según el informe sobre el Estado Mundial de los Bosques publicado por la FAO en 2016, casi el 80% de la deforestación mundial es causada por la agricultura, el 20% restante se distribuye entre la construcción de infraestructura (carreteras, represas) primero, luego la minería y finalmente urbanización. En detalle, aquí hay algunas de las principales causas de la deforestación:

- La agricultura, que representa el 80% de la deforestación. Puede ser agricultura comercial o agricultura de subsistencia (agricultura campesina local, particularmente en países en desarrollo).

- La agricultura de subsistencia representa del 30 al 35% de la deforestación mundial
- La agricultura comercial o industrial (cultivos extensivos y ganadería) representaría del 45 al 50% de la deforestación
- La ganadería es la causa de alrededor del 14% de la deforestación en todo el mundo
- La construcción de infraestructuras representaría aproximadamente el 8% de la deforestación
- Las actividades mineras serían responsables de cerca del 6% de la pérdida de bosques
- Y urbanización en torno al 5%

Contrariamente a lo que se suele escuchar, las industrias forestales no se encuentran entre los principales culpables de la deforestación. La explicación es simple: las empresas de la industria forestal suelen explotar áreas forestales cultivadas, es decir, bosques que se replantan regularmente para poder explotarlos de manera sostenible.

Las consecuencias de la deforestación

La deforestación tiene muchas consecuencias sobre los ecosistemas naturales y esto plantea serios problemas de resiliencia.

La consecuencia más conocida de la deforestación es la amenaza a la biodiversidad. De hecho, el bosque es un hábitat muy denso en términos de biodiversidad global, y algunos bosques incluso son verdaderos centros de biodiversidad entre los más ricos del mundo. Ya sean mamíferos, aves o incluso insectos, anfibios o plantas, el bosque alberga especies a veces raras, a menudo frágiles.

Al destruir estos ambientes naturales, las actividades humanas amenazan la existencia de estas especies y esto puede tener consecuencias significativas en el equilibrio natural. Así, en ciertas regiones de África, los grandes simios como los gorilas plateados están en peligro de extinción debido a la reducción gradual de su hábitat natural, en particular debido a la deforestación.

Consecuencias de la deforestación en los suelos

La deforestación también debilita el suelo. De hecho, la presencia de un bosque en un suelo tiende a hacer que este sea más rico en materia orgánica, pero también más resistente al mal tiempo o a la erosión. Como resultado, cuando se destruye un área forestal, el suelo se debilita gradualmente y hace que el ecosistema sea más vulnerable a desastres naturales como deslizamientos de tierra o inundaciones.

Consecuencias de la deforestación en el cambio climático

La deforestación también tiene un impacto muy fuerte en el cambio climático. De hecho, los árboles almacenan CO2 durante toda su vida. Al destruir estos árboles, reducimos la capacidad del ecosistema global para almacenar CO2. Menos árboles significa menos CO2 absorbido y por lo tanto más efecto invernadero. Como resultado, se estima que la deforestación es responsable a nivel mundial del equivalente al 11,3 %

de las emisiones antropogénicas de CO_2, lo que la convierte en uno de los mayores contribuyentes al calentamiento global aproximadamente al mismo nivel que el transporte por carretera y el consumo de energía de los edificios.

Deforestación en todo el mundo:

En todo el mundo, la deforestación no es homogénea. Algunas regiones del mundo han logrado proteger sus bosques de la deforestación, mientras que otras han visto cómo sus bosques se reducen durante años. Estos son algunos ejemplos de la situación de la deforestación en el mundo, en particular en las tres grandes áreas de deforestación global: Sudeste asiático (Indonesia en particular), Amazonia (Brasil en particular) y África.

- **Deforestación en Brasil y la Amazonía**

Brasil y la cuenca del Amazonas también son áreas importantes de deforestación global. La selva amazónica es uno de los hotspots forestales más grandes del mundo, con reservas de biodiversidad muy importantes. También es considerado uno de los pulmones del planeta por su capacidad de almacenar carbono y producir oxígeno. Desde la década de 1960, esta zona ha sido objeto de una rápida deforestación: habría perdido cerca de 760.000 km^2 de superficie forestal desde la década de 1960, es decir, casi el 20% de su superficie inicial. Inicialmente, antes de las décadas de 1980 y 1990, la mayor parte de la deforestación estaba vinculada a grandes proyectos industriales (represas, caminos, minas) y agricultura de subsistencia por parte de pequeños agricultores locales. Sin embargo, en los últimos treinta años las causas de la deforestación han ido cambiando.

Según varios informes sobre el tema (Greenpeace, FAO) la ganadería es responsable de alrededor del 70 al 80% de la deforestación en la región amazónica, si incluimos la producción de soja o alimentos para animales. El desarrollo de la ganadería intensiva, asociado a un consumo cada vez mayor de carne en los países desarrollados, sería así la principal causa de la deforestación amazónica.

- **Deforestación en el Sudeste Asiático, Indonesia y Borneo**

Indonesia y la isla de Borneo son emblemáticas del fenómeno mundial de la deforestación. De hecho, esta región del sudeste asiático es, naturalmente, una de las reservas de bosques y biodiversidad más ricas del mundo. Pero al mismo tiempo, también es una de las regiones que más ha sufrido la deforestación en las últimas décadas. Según la FAO, solo entre 1990 y la década de 2000, Indonesia perdió alrededor de 3 millones de hectáreas de bosque. y el fenómeno se acelera: el país habría perdido otros 6 millones de hectáreas de bosque entre 2000 y 2012.

Una de las causas más importantes de la deforestación en Indonesia y Borneo es sin duda la producción de aceite de palma. Según la FAO, entre 1990 y 2000, casi 6 millones de hectáreas de plantaciones de aceite de palma reemplazaron gradualmente a los bosques de Indonesia. La industria del aceite de palma ha sido durante mucho tiempo uno de los mayores contribuyentes a la deforestación en el sudeste asiático. El 80% de la deforestación de Indonesia también se practica ilegalmente. Pero ante la presión de las ONG y las nuevas regulaciones, así como de los consumidores, la situación en el sector del aceite de palma está comenzando a normalizarse lentamente. Las certificaciones están comenzando a aparecer, incluidas las etiquetas de aceite de palma sostenible. Indonesia ahora representa casi el 35% de la producción mundial de aceite de palma sostenible. La industria aún plantea serios problemas medioambientales, pero el foco mediático sobre este tema empieza a mover las líneas.

- **Deforestación en África**

África es también una importante zona de deforestación en el mundo. De hecho, África experimenta más deforestación que Asia: alrededor de 2 millones de hectáreas de bosque desaparecen cada año en África. Incluso si hablamos menos de la deforestación africana que de la deforestación asiática, África hoy en día está extremadamente amenazada por la deforestación.

A diferencia de Asia o la Amazonía, África sufre una deforestación cuyas principales causas no están vinculadas a la agricultura comercial. La mayor parte de la deforestación africana es obra de pequeños agricultores que producen agricultura local de subsistencia.

Capítulo5
La contaminación del medio ambiente

La contaminación ambiental es la introducción de elementos físicos -contaminantes- que provocan diferentes tipos de contaminación. Por tanto, cuando pensamos en contaminación nos referimos a diversos contaminantes debidos a la actividad humana. En particular, la relación entre la contaminación y el medio ambiente se refiere al impacto del hombre sobre el medio ambiente en los países industrializados, debido a la contaminación de las fábricas.

De hecho, la contaminación es un problema ambiental global, que afecta a todos los estados y a todos los seres humanos. En efecto, la contaminación en el mundo actual constituye una amenaza para la naturaleza, que se convierte en naturaleza contaminada.

También es un peligro para todos los seres vivos y también para los seres humanos. Los contaminantes, de hecho, alteran el medio ambiente y, por tanto, el aire, el agua y el suelo, y ponen en riesgo la salud de todo el planeta.

Los tipos de contaminación

La contaminación es la contaminación global, o del medio ambiente, que es un todo. El reto que nos espera para los próximos años y décadas es evitar que la contaminación mate al planeta. De hecho, además de la contaminación ambiental por la introducción de sustancias capaces de causar daños a los seres humanos, también hay que tener en cuenta la alteración de los equilibrios naturales. La fauna y la flora, así como territorios enteros, han sufrido tal contaminación que es irreversible.

Piense, por ejemplo, en la contaminación nuclear, que ha devastado territorios enteros (piense en Chernóbil). Las consecuencias ambientales de Chernóbil han hecho inhabitables territorios enteros. Además, los efectos de la contaminación también fueron dramáticos en las siguientes décadas, para millones de seres humanos. Aún hoy, las consecuencias de la explosión del reactor nuclear de Chernóbil se pagan.

Solo la prontitud de algunos científicos y el sacrificio de muchos hombres valientes permitieron evitar las consecuencias más dramáticas en todo el planeta. De hecho, los efectos peligrosos de la radiación persisten incluso durante cientos de años, lo mismo ocurre con otros carcinógenos.

Por tanto, la contaminación ambiental es la conmoción total, muchas veces irreversible, de territorios enteros, pero también de todo el planeta.

¿Qué es la contaminación? También se denomina contaminación a la introducción en el medio ambiente de sustancias nocivas debidas a fenómenos naturales. La erupción de un volcán, por ejemplo, contamina el medio ambiente y daña la salud humana, en algunos casos libera cantidades de sustancias al ambiente que exceden la capacidad de digestión y absorción de ese ambiente.

La definición de contaminación, por tanto, se refiere a una alteración del medio ambiente (contaminación natural o contaminación provocada por las actividades humanas). Las causas de la contaminación están relacionadas con los elementos contaminantes. Estos producen molestias temporales, enfermedades o daños permanentes a la vida en un área determinada. La alteración puede ser de origen químico o físico: estas son las causas de la contaminación ambiental. La contaminación global es un riesgo real para el planeta.

Clasificación de la contaminación

La contaminación puede clasificarse según diferentes criterios, en particular los basados en la naturaleza del agente contaminante; consideraciones ecológicas y consideraciones puramente toxicológicas.

Según la naturaleza del contaminante, se distingue entre:

1. **Contaminación física**: es un tipo de contaminación basada en factores físicos como, por ejemplo, las radiaciones ionizantes, el calentamiento artificial del medio ambiente provocado por una fuente de calor tecnológica.

2. **Contaminación química**: es un tipo de contaminación a base de sustancias minerales, orgánicas abióticas o incluso bioquímicas.

3. **Contaminación biológica**: es la causada por microorganismos patógenos o por especies exóticas invasoras introducidas artificialmente por el hombre.

4. **El punto de vista puramente ecológico**: toma en consideración el medio ambiente (aire, agua, suelo), o la parte de la biosfera donde se produce la contaminación (atmósfera, hidrosfera), así como las biocenosis en las que ejercen perturbaciones.

5. **El punto de vista toxicológico**: se basa en el medio ambiente o el modo de contaminación de los organismos por los contaminantes. Según el modo de contaminación, en las plantas se distingue entre contaminación por absorción estomática, contaminación transfoliar y contaminación por translocación de raíces.

En animales habrá contaminación por inhalación en especies terrestres; por absorción transbranquial para especies acuáticas. La contaminación también puede ocurrir por ingestión o penetración transcutánea

¿Cuántos tipos de contaminación hay? Existen diferentes tipos de contaminación de la Tierra y, en consecuencia, diferentes problemas de contaminación. Aunque las diversas formas de contaminación suelen estar entrelazadas. De hecho, no se puede distinguir, porque dentro de la Tierra, todo está conectado y todo es cíclico. De hecho, existe el ciclo del agua, de los vientos, así como el ciclo de la vida y la muerte.

- **Contaminación térmica**

La contaminación térmica es una de las formas de alteración ambiental. Las causas de la contaminación térmica radican en la modificación del ecosistema. De hecho, está constituido por la elevación de la temperatura de un ambiente, lo que, por tanto, modifica un ecosistema. Esto sucede, por ejemplo, cuando se vierten en un río dosis masivas de agua caliente. El calentamiento térmico está en la raíz de las turbulencias climáticas que se perfilan para el futuro. Aunque, ya en los últimos años, se han visto los primeros efectos.

Por ello, la contaminación ambiental es también contaminación térmica, entendida como una alteración del equilibrio del ecosistema. El medio ambiente y la contaminación son temas inseparables para el futuro de la humanidad.

- **Contaminación acústica**

Es importante establecer causas, consecuencias y remedios para la contaminación acústica. La contaminación acústica consiste en la introducción en el medio ambiente de sonidos que tienen una cantidad de decibelios superior a la que el medio ambiente y las formas de vida que lo habitan son capaces de soportar sin molestias ni los perjuicios que ocasionan las más graves contaminaciones.

- **Contaminación electromagnética**

La contaminación electromagnética es causada por la presencia de dispositivos y campos electromagnéticos. Efectivamente, hay campos eléctricos, de nuevo, en los mismos motores, electrodomésticos. En particular, sin embargo, en algunas líneas eléctricas y equipos de telecomunicaciones. Estos son los casos relacionados con la presencia de antenas, radios y celulares.

Las exposiciones a campos electromagnéticos por el uso de teléfonos celulares, de hecho, en algunos casos llevaron a la aparición de tumores cerebrales. Estas neoplasias también han sido reconocidas en los tribunales.

- **La contaminación del aire**

Uno de los problemas ambientales actuales más importantes es la contaminación del aire. En este sentido, es importante establecer causas, consecuencias y remedios para la contaminación del aire.

La contaminación atmosférica es causada por la difusión en la atmósfera de gases y polvo muy fino. Las principales fuentes de contaminación son las actividades industriales, las fábricas contaminantes, las plantas de producción de energía, los sistemas de calefacción y el tráfico.

¿Cuál es la principal causa de la contaminación del aire? Se estima que el 75% de la contaminación del aire se produce por el procesamiento y uso de combustibles fósiles.

De hecho, las áreas más afectadas por la contaminación ambiental son precisamente las grandes áreas urbanas donde se concentran las industrias, el tráfico y la calefacción. Es en estas zonas donde se produce el fenómeno del smog y la contaminación industrial. Este término es la unión de dos palabras inglesas: smoke "humo" y fog "niebla". Con la contaminación de las industrias se genera una especie de humo ácido, con polvillo fino y gases irritantes, que tienen propiedades nocivas para la salud. De hecho, causan daños tanto al sistema cardíaco como al cardiovascular y, nuevamente, tienen efectos cancerígenos.

El daño que provoca el smog o la contaminación urbana va mucho más allá de quienes están directamente expuestos a él. De hecho, también hay daño ambiental. Se crean verdaderas campanas en las capas inferiores de la atmósfera, que también provocan una alteración permanente del medio ambiente contaminado. Es una contaminación ambiental a largo plazo, que induce efectos inflamatorios como las consecuencias de la contaminación del aire.

Se deben buscar remedios para la contaminación del aire. Estos efectos son, de hecho, relevantes porque dañan la salud humana. De hecho, todos los tipos de cáncer surgen tras un proceso inflamatorio inicial. Estos son los principales efectos de la contaminación del aire.

- **La contaminación del agua**

La contaminación del agua es otro de los principales problemas ambientales. El agua tiene un fuerte poder autopurificante, ya que absorbe el oxígeno de la atmósfera y tiene una alta capacidad disolvente que le permite disolver la mayoría de los productos químicos que se introducen en ella. En algunos casos, sin embargo, la cantidad de productos químicos supera la capacidad de autodepuración del agua.

Cuando llueve, por ejemplo, la lluvia se enriquece con contaminantes que encuentra en el aire, dando lugar a lluvia ácida, o químicos que se lavan en los campos y se transportan directamente a ríos y mares.

Entre las consecuencias de la contaminación del agua, está el hecho de que la contaminación del agua pone en riesgo la salud de las personas, animales y plantas, la producción de alimentos, el equilibrio ambiental.

- **Contaminación marítima**

El océano tiene un gran poder de autodepuración tanto por la composición del agua de mar como por su masa, lo que permite muchas veces una eficaz dilución y oxigenación. Pero en mares cerrados y a lo largo de las costas la propagación de contaminantes puede causar daños tanto al ecosistema marino como a la salud humana, tanto que el baño está prohibido en algunas zonas.

Las fuentes contaminantes más extendidas son los vertidos urbanos e industriales de sustancias orgánicas: atacadas por microorganismos que consumen oxígeno, este acaba siendo eliminado por otros organismos marinos. En algunos casos, los vertidos urbanos e industriales también contienen sustancias no degradables, como metales pesados y sustancias radiactivas, que envenenan el agua provocando la muerte de los peces.

- **Causas y consecuencias de la contaminación del suelo**

Entre los problemas más importantes de la Tierra se encuentra la contaminación del suelo. La contaminación del suelo tiene diferentes caras y es importante determinar las causas, las consecuencias y los remedios con respecto a su contaminación. Entre las causas, hay una que tiene causas físicas, como las actividades de excavación para obtener materiales de construcción, la erosión por la falta de control del flujo de agua superficial, el exceso de impermeabilización como sucede con el asfalto en la ciudad, el descenso del nivel freático debido a la extracción excesiva, generalmente para riego.

También existen causas químicas para la contaminación ambiental, como la salinización de las aguas subterráneas. Es decir, cuando el agua de mar se infiltra en los acuíferos, generalmente por la extracción excesiva de agua dulce, la lluvia ácida y la dispersión de aguas superficiales contaminadas. Y luego están los fenómenos relacionados con áreas específicas como es el caso de los vertederos, los accidentes industriales y la contaminación cercana a los asentamientos urbanos e industriales que provocan la contaminación del suelo.

- **Contaminación plástica marina**

Vivimos en la era del plástico. En los últimos 65 años hemos producido 8300 millones de toneladas. Forma parte de nuestra vida cotidiana y son muy pocos los elementos de nuestra vida cotidiana, como objetos, envases y herramientas, que ni siquiera contienen un polímero. Si no se quema o recicla adecuadamente, el plástico se degrada durante cientos de años. La gran cantidad de plástico que acaba en el mar amenaza tanto su equilibrio como la salud de más de 150 especies de animales marinos que se ve amenazada. Se ingiere plástico, confundido con pescado o plancton.

¿Cómo se contamina el medio ambiente?

Como ya hemos citado, hay muchas formas de contaminar el medio ambiente y corresponden a los diversos tipos de contaminación ambiental, ya sea hídrica, acústica, marina etc...

La tierra contaminada ocurre cuando se liberan químicos nocivos al medio ambiente, vertiéndose productos de desecho industrial, plásticos y desechos al mar o ríos, dejando desechos en el medio ambiente, utilizando herbicidas y pesticidas de manera masiva. También existen formas indirectas de contaminación que tienen que ver con la deforestación, la extracción excesiva de aguas subterráneas o de ríos y canales, la erosión del suelo por la extracción de materiales de construcción, la producción y el uso excesivo de plástico no reciclado.

Para bajar el umbral de contaminación ambiental y contaminación por residuos, es necesario un esfuerzo político para regular los procesos de producción, reciclaje y eliminación de residuos especiales y un cambio claro de nuestra economía hacia una economía circular, basada en el mantenimiento y el reciclaje, en lugar de en la producción de nuevos bienes de consumo, uso de energías renovables, gracias al aire, agua y suelo, y autosostenimiento de edificios y comunidades locales. Cada uno de nosotros puede hacer un esfuerzo cambiando los hábitos de compra y consumo, aumentando el bricolaje y el reciclaje de objetos y ropa, la recogida selectiva y el hábito de no dejar residuos contaminantes en el medio ambiente, incluidas las colillas.

¿Cuáles son los contaminantes más peligrosos de las industrias?

Cada contaminante actúa de manera diferente según el suelo y el ambiente en el que se introduce. No es posible predecir cuáles serán las consecuencias de un contaminante en un ambiente dado, pero hay químicos que son más dañinos que otros.

Un informe sobre contaminantes ambientales, identifica los seis contaminantes más peligrosos de las industrias.

- **Contaminación ambiental por cromo hexavalente**

Las industrias que utilizan cromo hexavalente incluyen las curtidurías y las que se dedican a la metalurgia, la soldadura de acero inoxidable, la producción de cromatos y la fabricación de pigmentos de cromo. Los tintes amarillos, naranjas y rojos a menudo contienen pigmentos de cromo, por lo que se pueden encontrar rastros de este contaminante en el cuero curtido con sulfato de cromo, los utensilios de cocina de acero inoxidable y la madera tratada con dicromato de cobre.

Dependiendo de la vía de exposición, el cromo puede provocar daños en los sistemas respiratorio y gastrointestinal, así como diferentes tipos de cáncer.

- **Contaminación ambiental por plomo**

El plomo se extrae de las minas subterráneas y posteriormente se utiliza para una amplia gama de productos y se combina con otros metales para producir aleaciones. A menudo se libera al medio ambiente durante los procesos de extracción, fundición y también durante las fases de reciclaje de las baterías de plomo-ácido (BPAU) usadas. La exposición al plomo por inhalación de aire, ingestión oral de suelo, agua o alimentos contaminados, así como a través del contacto con la piel, puede provocar consecuencias adversas para la salud debido a la contaminación, incluidos trastornos neurológicos, coeficiente intelectual reducido, anemia, trastornos nerviosos y muchas otras enfermedades.

- **El problema de la contaminación por mercurio**

El mercurio elemental se libera con mayor frecuencia al medio ambiente durante su proceso de extracción del sulfuro de mercurio rojo y las emisiones de las centrales eléctricas de carbón. Se utiliza en muchos procesos industriales, como para extraer oro de la roca, y también se encuentra en productos como termómetros, empastes dentales y lámparas de bajo consumo. La exposición al mercurio elemental puede causar daño al cerebro, los riñones y el sistema inmunológico. También puede tener un efecto negativo en el desarrollo del feto.

- **Los pesticidas y su problema de contaminación ambiental**

Los plaguicidas son sustancias químicas producidas por las industrias y utilizadas en la agricultura. Con la lluvia, los pesticidas se lavan de los campos y llegan a los acuíferos. La exposición prolongada a pesticidas puede tener un gran impacto negativo en la salud neurológica, reproductiva y dermatológica.

- **Radionucleidos y daños al medio ambiente**

La liberación de radionucleidos al medio ambiente se debe principalmente a procesos industriales. Estos también incluyen la extracción de uranio, la eliminación de desechos mineros, la generación de energía nuclear, la creación y prueba de armas nucleares. Y finalmente, también el desarrollo y uso de productos de radiología en el campo médico. La exposición a radionucleidos por inhalación o ingestión oral puede tener graves consecuencias para la salud. Estos incluyen náuseas, vómitos y dolores de cabeza hasta problemas crónicos, como fatiga, letargo, fiebre, pérdida de cabello, mareos, desorientación, diarrea, sangre en las heces, presión arterial, presión arterial baja e incluso la muerte, así como tumores.

- **Contaminación ambiental por cadmio**

El cadmio está particularmente presente en Asia, como subproducto de las actividades mineras para la extracción de zinc, plomo y cobre, así como para la producción de pesticidas y fertilizantes. Incluso una pequeña cantidad de cadmio puede tener un impacto muy grave en la salud. Debido a su alta toxicidad, en 2011 la Unión Europea prohibió su uso para la producción de joyería, aleaciones y PVC. El envenenamiento por cadmio, causado por la inhalación de polvo y vapores o la ingestión de sus compuestos, causa rápidamente mareos, sequedad de garganta y náuseas.

¿Cuáles son las causas y consecuencias de la contaminación ambiental?

La contaminación ambiental es la presencia o introducción de sustancias nocivas en un medio natural sensible. Esta introducción afecta el bienestar y provoca daños que repercuten negativamente en el equilibrio natural de la vida.

Algunas causas como la actividad humana y la deforestación son la base de la contaminación ambiental; y tener graves consecuencias en la calidad de vida.

El término polución es un sustantivo masculino que proviene del latín pollutio, que se traduce como "mancha, profanación".

La contaminación trastorna la vida de los organismos vivos, llegando incluso a la extinción de determinadas especies que son incapaces de adaptarse al nuevo entorno.

La actividad humana es la principal causa de la contaminación. Es cierto que el desarrollo de la tecnología ha promovido un enorme progreso en la calidad de la vida humana, pero, por otro lado, también ha causado un daño considerable al medio ambiente.

Los seres vivos, especialmente los humanos, se ven afectados de diversas formas por la contaminación ambiental. Esto trastorna su estado de salud y provoca ciertas enfermedades y problemas como:

- Enfermedades respiratorias (bronquitis, asma, alergias, entre otras).

- Enfermedades dermatológicas.
- Enfermedades cardiovasculares.
- Muertes y problemas de higiene en zonas donde el agua está contaminada y escasea.
- Trastornos del desarrollo en los niños y la aparición de lesiones neurológicas.
- Sordera por contaminación acústica.
- Mutaciones genéticas.
- Los diferentes tipos de cáncer.

Daño a los ecosistemas

El equilibrio natural de los ecosistemas se ha visto alterado debido al alto nivel de contaminación en el que vive actualmente el planeta Tierra. Tantas especies han desaparecido y otras están a punto de correr la misma suerte debido a:

- Desequilibrio de los ecosistemas, causado por la introducción de una gran diversidad de animales y plantas en áreas donde no son nativos, la destrucción de parte del ecosistema.
- Consecuencias de los gases de efecto invernadero.
- Dióxido de carbono, provoca la acidificación de los océanos y el calentamiento global (altas temperaturas atmosféricas y aumento de las temperaturas de los océanos y los mares).
- La llegada de especies invasoras que destruyen o reducen especies propias de un ecosistema o área en particular.
- El incremento de insectos plaga que transmiten diversas enfermedades infecciosas y llegan a lugares

que antes no existían o a los que no estaban acostumbrados.

La actividad humana es la base para el desarrollo de la tecnología, la deforestación, los productos químicos y pesticidas, los desechos industriales y domésticos, los combustibles fósiles, la producción y acumulación de desechos; que son las principales causas de la contaminación ambiental. El humano interviene degradados su medio ambiente de las siguientes formas:

1. El desarrollo de la tecnología

Desarrollo industrial, uso excesivo de vehículos a gasolina o diésel, emisiones de gases, producción y uso indiscriminado de objetos plásticos, gran producción de residuos no biodegradables, crecimiento demográfico, necesidad de extraer más recursos naturales y ganadería a gran escala. son las actividades humanas responsables de la contaminación ambiental.

2. Productos químicos y plaguicidas utilizados en la agricultura

El sector agrícola es uno de los que más productos químicos y pesticidas utiliza. Lo hace mediante el uso de métodos de cultivo y cuidado de plantas.

Es cierto que los agricultores utilizan estos productos para proteger los cultivos de frutas y hortalizas, pero son muy contaminantes y afectan al suelo y al agua.

3. Producción de gas por el ganado

La agricultura a gran escala genera una cantidad importante de gases, lo que aumenta el efecto invernadero y daña la capa de ozono. Esta situación se ve agravada por la necesidad de producir más alimentos para satisfacer el crecimiento de la población mundial cada vez mayor.

4. Residuos industriales y domésticos

Las actividades industriales producen una gran cantidad de desechos tóxicos para el medio ambiente tales como gases, químicos, solventes, entre otros. Gran parte de estos desechos se vierten directa e ilegalmente al agua o al aire. Esto los contamina y causa graves daños al medio ambiente.

Lo mismo ocurre con una gran cantidad de productos domésticos como detergentes, disolventes o aceites, productos muy contaminantes que tras su uso acaban en la basura doméstica.

Actualmente, el índice de producción de residuos industriales y domésticos es muy alto y la mayor parte proviene del uso indiscriminado de plástico, así como de otros productos que no son biodegradables.

Para reducir su efecto, se recomienda seleccionar los residuos por tipo de material (vidrio, plástico, aluminio, cartón o papel), para que puedan ser tratados o reutilizados mediante procesos de reciclaje.

5. Combustibles fósiles

Los combustibles fósiles son un importante factor de contaminación. Desde los métodos de extracción hasta el refinamiento y el uso, los combustibles tienen un impacto negativo en el medio ambiente. Entre los recursos naturales más explotados para producir combustibles se encuentran el petróleo, el gas natural y el carbón, que son muy contaminantes.

Actualmente, se han desarrollado varias tecnologías con el fin de reducir el uso de estos combustibles, en particular en el campo de la automoción, donde ya se han introducido en el mercado vehículos eléctricos e híbridos.

Capítulo 6 Desaparición de la capa de ozono

La capa de ozono está formada por un gas presente en la atmósfera, impide que los rayos ultravioletas (UV) lleguen a la superficie de la Tierra. Sin embargo, los altos niveles de contaminación hicieron que se debilitara y apareciera un agujero en su masa. Esto ha llevado a la proliferación de diversas enfermedades en los seres humanos, así como a efectos negativos en la naturaleza. Por ejemplo, la reducción de los casquetes polares o el aumento de las temperaturas.

Medio ambiente: ¿qué pasó con el agujero en la capa de ozono?

A fines de la década de 1970, Jonathan Shanklin, un meteorólogo del British Antarctic Survey, pasó gran parte de su tiempo en una oficina en Cambridge examinando datos del continente más austral de nuestro planeta.

Shanklin fue responsable de supervisar la digitalización de los registros en papel y calcular los valores de los espectrofotómetros dobsonianos, instrumentos terrestres que miden los cambios en el ozono atmosférico.
Con los años, el Sr. Shanklin se dio cuenta de que algo estaba pasando. Después de casi dos décadas de mediciones relativamente constantes, notó que los niveles de ozono habían comenzado a disminuir a fines de la década de 1970. Al principio, los jefes de

Shanklin no estaban tan seguros como él de que algo sucediera, lo que lo frustraba.

En 1984, la capa de ozono sobre la estación de investigación de Halley Bay en la Antártida había perdido un tercio de su espesor en comparación con décadas anteriores. Shanklin y sus colegas Joe Farman y Brian Gardiner publicaron sus hallazgos al año siguiente, sugiriendo un vínculo con un compuesto artificial llamado clorofluorocarbonos (CFC), que se usa en aerosoles y dispositivos de enfriamiento. Su descubrimiento, el adelgazamiento de la capa de ozono sobre la Antártida, se conoce como el "agujero de ozono".

Cuando se difundió la noticia de este descubrimiento, la preocupación se extendió por todo el mundo. Las predicciones de que la destrucción de la capa de ozono tendrá un impacto negativo en la salud de los seres humanos y los ecosistemas han despertado el temor público, movilizado la investigación científica y estimulado a los gobiernos de todo el mundo a colaborar como nunca antes.

Desde su apogeo, la historia de uno de los problemas ambientales más serios de la humanidad ha pasado desapercibida.

Un fenómeno vital

El ozono se encuentra principalmente en la estratosfera, una capa de la atmósfera entre 10 y 50 km sobre la superficie de la Tierra. Esta capa de ozono forma un escudo protector invisible sobre el planeta,

absorbiendo los dañinos rayos UV del sol. Sin ella, la vida en la Tierra no sería posible.
El British Antarctic Survey comenzó a medir las concentraciones de ozono sobre la Antártida en la década de 1950. Pero pasaron varias décadas antes de que se dieran cuenta de que había un problema.

En la década de 1970, los CFC eran omnipresentes en todo el mundo y se usaban como refrigerantes en refrigeradores y acondicionadores de aire, en latas de aerosol y como agentes de limpieza industrial.

En 1974, los científicos Mario Molina y F. Sherry Rowland publicaron un artículo en el que teorizaban que los CFC podrían destruir el ozono en la estratosfera de la Tierra. Hasta entonces, se pensaba que los CFC eran inofensivos, pero Molina y Rowland sugirieron que esta suposición era incorrecta. Sus hallazgos fueron atacados por la industria, que insistía en la seguridad de sus productos. Entre los científicos, su investigación ha sido cuestionada. Las proyecciones indicaban que el agotamiento de la capa de ozono sería menor -entre 2 y 4%- y muchos creían que ocurriría en una escala de tiempo de varios siglos.

Apenas diez años después, en 1985, el British Antarctic Survey confirmó la existencia de un agujero en la capa de ozono y sugirió un vínculo con los CFC, dando así la razón al trabajo de Molina y Rowland, que finalmente recibió el Premio Nobel de Química en 1995. Peor aún, el agotamiento estaba ocurriendo mucho más rápido de lo esperado.

"Fue realmente bastante impactante", dice Shanklin, ahora miembro principal del British Antarctic Survey.

A partir de entonces, los científicos se embarcaron en una carrera para comprender cómo y por qué sucedió.

Un misterio químico

En 1986, cuando el invierno antártico llegaba a su fin, Susan Solomon, investigadora de la Administración Nacional Oceánica y Atmosférica del gobierno de EE. UU., dirigió un equipo de científicos a la Base McMurdo en busca de respuestas.

En ese momento, los científicos estaban debatiendo tres posibles teorías, una de las cuales fue propuesta por Solomon: la respuesta puede estar en la química de la superficie que implica el cloro en las nubes estratosféricas polares, que ocurren en latitudes altas y no solo se forman durante las temperaturas muy bajas del invierno polar.

"Era un gran misterio", dice Solomon, ahora profesor de química atmosférica y ciencias del clima en el MIT. Su investigación ayudó a explicar cómo y por qué se produce el agujero de ozono en la Antártida. “Todos los datos indicaron que la combinación de aumento de cloro debido al uso humano de CFC y la presencia de nubes estratosféricas polares fue el detonante de lo sucedido”.

El monitoreo satelital ha confirmado que el agotamiento de la capa de ozono se extiende sobre una vasta región: 20 millones de km^2.

La grave amenaza que supone el agotamiento de la capa de ozono -aumento de los cánceres de piel y cataratas en humanos, daños en el crecimiento de plantas, cultivos agrícolas y animales, problemas reproductivos en peces, cangrejos, ranas y fitoplancton, base de la alimentación marina - ha llevado a la comunidad internacional a actuar y colaborar.

Pero dada la gravedad de la amenaza que representa el agujero de la capa de ozono, ¿por qué no lo escuchamos más a menudo?

"No es el mismo motivo de alarma que antes", citó Laura Revell, profesora asociada de física ambiental en la Universidad de Canterbury, Nueva Zelanda. Esto se debe en gran parte a las medidas internacionales sin precedentes que los gobiernos han tomado para abordar el problema.

Creyendo que el agotamiento del ozono sería pequeño y ocurriría en un futuro distante, los formuladores de políticas internacionales inicialmente adoptaron un enfoque cauteloso para la protección del ozono. En 1977, se adoptó un plan de acción mundial que incluía la vigilancia del ozono y la radiación solar, la investigación de los efectos del agotamiento de la capa de ozono en la salud humana, los ecosistemas y el clima, así como una evaluación de la relación costo-beneficio de las medidas de control.

Unos meses antes del descubrimiento del agujero en la capa de ozono por parte de científicos británicos, este plan dio lugar a la Convención de Viena de 1985, que aboga por la continuación de las investigaciones. Pero no preveía controles legalmente vinculantes para la reducción de CFC, lo que decepcionó a muchos.

Tras el descubrimiento del agujero en la capa de ozono, fuertes inversiones en investigación científica, la movilización de recursos económicos y una acción política internacional coordinada ayudaron a revertir la situación.

En 1987, se adoptó el Protocolo de Montreal para proteger la capa de ozono mediante la eliminación gradual de los productos químicos que la agotan. Para promover el cumplimiento del protocolo, el tratado reconoció "responsabilidades comunes pero diferenciadas", escalonando los calendarios de eliminación para los países desarrollados y en desarrollo y creando un fondo multilateral para proporcionar asistencia financiera y técnica para ayudar a los países en desarrollo a cumplir con sus obligaciones.

En la década de 1990 y principios de la de 2000, la producción y el consumo de CFC se detuvieron. Para 2009, el 98% de los productos químicos cubiertos por el tratado se habían eliminado. Seis enmiendas, que el tratado permite cuando la evidencia científica muestra que se necesitan más acciones, han llevado a restricciones cada vez más estrictas sobre las sustancias introducidas para reemplazar los CFC, como los hidroclorofluorocarbonos (HCFC) y los hidrofluorocarbonos (HFC). Aunque buenos para la capa de ozono, estos sustitutos han demostrado ser malos para el clima. El potencial de calentamiento global de los HCFC más utilizados, por ejemplo, es casi 2000 veces mayor que el del dióxido de carbono.

Los beneficios climáticos del tratado han sido un efecto secundario positivo. En 2010, las reducciones de emisiones debidas al Protocolo de Montreal fueron de entre 9,7 y 12,5 gigatoneladas de CO2 equivalente, aproximadamente entre cinco y seis veces más que el objetivo del Protocolo de Kioto, un tratado internacional adoptado en 1997 destinado a reducir las emisiones de gases de efecto invernadero. La adopción en 2016 de la enmienda de Kigali, que limitará el uso de HFC, evitará hasta 0,5 C de calentamiento global para 2100.

Desde su adopción, el Protocolo de Montreal ha sido firmado por todos los países del planeta; hasta la fecha, es el único tratado universalmente ratificado. Es ampliamente considerado como un triunfo de la cooperación ambiental internacional. Según algunos modelos, el Protocolo de Montreal y sus enmiendas han ayudado a prevenir hasta dos millones de casos de cáncer de piel al año y evitado millones de casos de cataratas en todo el mundo.

Si el mundo no hubiera prohibido los CFC, ahora estaríamos al borde del agotamiento masivo de la capa de ozono. Para 2050, está bastante bien establecido que tendríamos condiciones similares a las de un agujero de ozono en todo el planeta, y se habría vuelto inhabitable.

Una larga recuperación

Hoy en día, el agujero de ozono todavía existe y se forma sobre la Antártida cada primavera. Se cierra durante el verano, cuando el aire estratosférico de latitudes más bajas se mezcla con el ozono, lo que permite repararlo hasta la primavera siguiente, cuando el ciclo comienza nuevamente. Pero parece que el ozono está comenzando a desaparecer y se repone más o menos como se esperaba. Según estimaciones científicas, la capa de ozono debería volver a los niveles anteriores a 1980 a mediados de siglo. La curación es lenta debido a la larga vida de las moléculas que agotan la capa de ozono. Algunos persisten en la atmósfera durante 50 a 150 años antes de desintegrarse.

A pesar del éxito general del Protocolo de Montreal, ha habido contratiempos. En 2018, por ejemplo, se descubrió que la concentración de CFC-11, prohibido desde 2010, no estaba disminuyendo tan rápido como se esperaba, lo que sugiere que las emisiones no reportadas provienen de alguna parte. La Agencia de Investigación Ambiental rastreó esas emisiones hasta fábricas en China, que lo fabricaban para su uso en espuma aislante. Una vez que el caso se hizo público, el gobierno chino tomó medidas rápidamente y los científicos dicen que estamos en el camino correcto.

Esto subraya la importancia vital del monitoreo a largo plazo de las variables ambientales, ya sean CFC, temperatura o indicadores de biodiversidad.

Y el futuro no está exento de riesgos. Las grandes erupciones volcánicas suelen provocar pérdidas de ozono a corto plazo, mientras que el óxido nitroso, un potente gas de efecto invernadero emitido por la aplicación de fertilizantes en la agricultura, también es una potente sustancia que agota la capa de ozono. Sin embargo, no está controlado por el Protocolo de Montreal, dice Revell, y las emisiones están aumentando.

También hay actividades cuyo impacto aún no comprendemos por completo, pero que podrían presentar riesgos, como el lanzamiento de cohetes y la geoingeniería de sulfatos: la idea de que podemos evitar los peores efectos del calentamiento global bombeando aerosoles a la estratosfera para enfriar el clima. haciendo que la luz del sol sea reflejada por estas partículas de aerosol.

Tendemos a comparar el agujero en la capa de ozono con el cambio climático. Sin embargo, si el Protocolo de Montreal demuestra que podemos abordar los principales problemas ambientales, la comparación no va más allá. Los CFC eran un componente reemplazable de algunos productos. Los combustibles fósiles son omnipresentes en nuestra forma de vida, no se pueden reemplazar tan fácilmente y, hasta ahora, la mayoría de los gobiernos y las industrias se han resistido a reducir las emisiones de combustibles fósiles.

La creación del agujero en la capa de ozono mostró lo rápido que podemos cambiar nuestro entorno planetario, y los responsables políticos no se toman esta lección lo suficientemente en serio. El cambio climático es un gran problema. Pero eso no exime a los políticos de la responsabilidad de tomar las decisiones necesarias.

Capítulo 7
Medidas para cuidar el medio ambiente

La contaminación ambiental es hoy una grave amenaza para la calidad de vida y los medios de subsistencia. Aunque es muy difícil revertir completamente el daño, se puede reducir el impacto de la acción humana en el medio ambiente.

Reducir el impacto de la acción humana en el medio ambiente es una tarea difícil, pero no imposible, aquí algunos elementos de la solución:

- **Reutilizar**

Las estrategias industriales y de marketing han acostumbrado a los ciudadanos a comprar, tirar; luego volver a comprar, sin calcular el enorme impacto que esto tiene sobre el medio ambiente. En la medida de lo posible, reutiliza aquellas cosas que normalmente tirarías.

Si algo se ha dañado, arréglelo. ¡No corra a comprar otro solo porque puede! Si no se puede reparar, o si es un producto que ya se ha consumido, dar una nueva posibilidad a sus elementos útiles para ser utilizados.

Por ejemplo, las botellas de mayonesa pueden convertirse en bonitas y creativas lámparas para su jardín, terraza o salón.

- **Reciclar**

Una forma de reducir la contaminación ambiental es participar en el proceso de reciclaje. ¿Cómo podemos hacerlo? Basta con clasificar correctamente los residuos de tu hogar (residuos orgánicos, papel/cartón, vidrio, plástico y aluminio) y verterlos en los contenedores especiales para ello.

- **Reducir el consumo**

Reducir el consumo. ¡Sí! tal como lo escuchamos. Si realmente no necesita algo, ¿por qué comprarlo? No necesitamos tantas cosas como las que compramos. Muchas necesidades se pueden satisfacer de otra manera.

Por ejemplo, podemos reducir la compra de agua embotellada. ¿Sabía que el agua embotellada es una de las principales fuentes de contaminación plástica? ¿Sabía también que en los países donde el agua del grifo es potable, el agua embotellada proviene de la misma fuente que la suya?

No malgaste su dinero y ayude a prevenir la acumulación de plástico en el medio ambiente.

- **Sembrar y cuidar**

El aire que respiramos está cada vez más contaminado. Esta contaminación no se debe únicamente a la emisión de gases tóxicos, sino también a la progresiva desfloración. Comience por limpiar el aire de su hogar.

Llene su hogar de plantas que purifiquen el ambiente, por dentro y por fuera. Sin embargo, cuando pueda, participe activamente en campañas de reforestación.

Además, proteja y cuide el entorno verde que le rodea. No haga fogatas en las montañas, no corte pinos en los bosques y no realice prácticas que destruyan o alteren la vegetación.

- **Eliminar el uso de pesticidas y aerosoles**

Cuando plante su jardín o cuide sus plantas, no use pesticidas. Evite también todo tipo de aerosoles, o al menos asegúrese de que sean seguros para el medio ambiente.

- **No verter aceite en las tuberías.**

Un solo litro de aceite de cocina puede contaminar hasta 40 mil litros de agua, sin contar los daños que provoca en las tuberías. No derrame aceite por ninguna tubería, ya sea en el fregadero o en el inodoro.

¿Alternativas? Puede hacer cosas diferentes. Por ejemplo, cuando el aceite usado esté frío, viértalo en un tanque de aceite o agua viejo y sin usar y séllelo herméticamente. Luego tírelos a los contenedores de "residuos no reciclables" o llévelos a un centro de reciclaje de aceite.

También puede verter el aceite usado en varias hojas de periódico arrugado para absorber la mayor cantidad posible.

- **Evitar hacer ruido**

La contaminación acústica es también un grave problema medioambiental. En la medida de lo posible, evite añadir más decibelios a la ya ruidosa ciudad.

Por ejemplo, cuando escuche música en su teléfono, use auriculares y no moleste a los demás. En casa, no sobrepase el volumen recomendado del equipo de audio.

- **Invertir en energías renovables**

Si es posible, invierta en energías renovables. Compre paneles solares para complementar el sistema de energía de su hogar. A la larga, también ahorrará mucho dinero.

- **Optar por productos reutilizables**

Sabemos que queremos y necesitamos una vida más cómoda, pero los desechables duraderos son una de las causas más graves de acumulación de residuos no biodegradables.

Por ejemplo, los pañales constituyen el 50 % de la basura acumulada en el mundo y muchas personas los tiran al agua, lo que agrava el problema.
Para los pañales, trate de usar aquellos hechos con materiales biodegradables. También pueden optar por pañales ecológicos reutilizables. Cada vez hay más opciones en el mercado que puede aprovechar.

Este mismo ejemplo se puede aplicar a otros productos. Antes de comprar algo, pregúntese si realmente lo necesita, de qué material está hecho y cómo puede impactar menos al medio ambiente al usarlo.

Contaminación plástica, las soluciones son circulares

La contaminación del Océano por plásticos ya no perdona a ninguna zona del globo. Estos plásticos, con

consecuencias dramáticas para la biodiversidad, están presentes principalmente en forma de microfragmentos, haciendo ilusoria la limpieza del océano. Por lo tanto, las soluciones están sobre el terreno. Pero, ¿cómo actuar concretamente?
Para definir las mejores soluciones, es necesario volver a las fuentes del problema. El modelo económico actual, basado en la extracción de recursos, su transformación y luego su destrucción, agota el planeta y genera residuos masivos. Esto es cierto cualesquiera que sean los recursos, ya sean de origen orgánico o geológico. Este callejón sin salida fue señalado en 1972 por un informe científico, conocido como el "informe Meadows" por el nombre de su principal autor.

La economía circular, ¿qué es?

Los teóricos de la economía circular Michael Braungart y William McDonough se basaron en el informe Meadows y desarrollaron, en la década de 1990, un modelo destinado a salir de este consumo lineal de recursos. Se inspira en la naturaleza y en el funcionamiento de los grandes ciclos ecológicos (agua, carbono, etc.).

Proponen la estrategia de las 3R, como reducir, reutilizar, reciclar. Las 3R son tanto jerárquicas como complementarias. La prioridad es reducir nuestro consumo de recursos, luego extender la vida útil de nuestros objetos a través de la reutilización y reparación y finalmente reciclar aquellos que ya no están en uso.

Esta estrategia debería permitir bucles económicos virtuosos donde los materiales se reutilicen sin cesar. Pero de la teoría a la práctica surgen dificultades. Reciclar residuos genera a su vez consumo de energía y nueva contaminación.

El concepto de economía circular se enriquece luego, muy recientemente, con el concepto de “no perjudicial para los vivos”. El último desafío es preservar la biodiversidad, a la que pertenece el hombre. De hecho, es la preservación de los vivos lo que condiciona el futuro de la humanidad.

La economía circular no es una varita mágica sino un marco para pensar en soluciones. Solo una visión exigente de la economía circular, puede permitirnos luchar eficazmente contra la contaminación plástica.

¿Deberíamos prohibir los plásticos?

Por su baja biodegradabilidad, por la toxicidad de algunos (PS, PFCs) los plásticos plantean problemas particulares. Pero a veces son insustituibles y su sustitución por vidrio, madera, cartón, etc. no deja de tener consecuencias y genera otros impactos perjudiciales para los seres vivos, como la deforestación para producir cartón, por ejemplo, o incluso la sobreexplotación de arena para producir vidrio.

La economía circular apunta a reducir drásticamente los productos de un solo uso o efímeros, y no solo los envases, que son, en esencia, lo opuesto a la economía circular. Luego a ecodiseñar los productos. Esto significa garantizar su longevidad, reparabilidad y finalmente reciclabilidad.

Necesitamos repensar nuestros usos de los plásticos. Aprovechar sus propiedades, en especial su extrema resistencia, de una forma más inteligente. Por lo tanto, solo deben usarse en productos utilizados durante mucho tiempo y, en última instancia, recolectados sistemáticamente para su reciclaje. Se deben abandonar los plásticos más tóxicos para el medio ambiente y aquellos cuyo reciclaje no es posible en la actualidad. Como por ejemplo el caso de los envases de PS que componen la mayoría de nuestros botes de yogur.

¿Estamos en la trayectoria correcta?

El concepto de economía circular ha aparecido recientemente en el debate público. Pero su dimensión sistémica se ignora con demasiada frecuencia, la economía circular se reduce con demasiada frecuencia al reciclaje únicamente. Sin embargo, el reciclaje es solo una pequeña parte de la economía circular. La reducción, la reutilización deben finalmente ocupar su lugar en nuestros proyectos sociales y siempre... con respeto por lo vivo.

¿Por qué reciclar no es suficiente?

¡Clasifica, recicla! Detrás del mandato dirigido al ciudadano-consumidor, se esconde la ilusión de un modelo basado en el crecimiento continuo del consumo de recursos. Pero un modelo basado exclusivamente en mejorar el reciclaje tiene muchos defectos, uno de los cuales, y no el menos importante, es que no es realista.

De hecho, para ser reciclado, es decir transformado en material reutilizable, un objeto primero debe ser recogido. Nuestros sistemas actuales están fallando. Se podrían mejorar mucho con, por ejemplo, dispositivos como el depósito. Pero, aun así, no existe ningún dispositivo que garantice una recogida 100% eficiente.

Por ejemplo, hemos calculado que la implementación del sistema de recolección de botellas de plástico más eficiente todavía generaría una pérdida de 105 millones de botellas por año, ¡y solo en Francia! Esto demuestra que, para reducir la contaminación plástica, primero debemos reducir los volúmenes.

Entonces, debemos tener en cuenta que los objetos de nuestra vida diaria, en su mayoría, no están diseñados para ser reciclados. A menudo compuestos de varios materiales, no separables, son un dolor de cabeza para el reciclaje y requieren costosas operaciones de clasificación y embalaje. Los ladrillos de cartón se componen así de plásticos, aluminio, cartón, tintas y barnices. Esta situación podría mejorarse mediante un ecodiseño exigente.

Pero aún habría otros límites que levantar, esta vez económicos. El material reciclado a menudo lucha, por razones de costos de producción, para ser competitivo con los materiales vírgenes. Un freno que solo un complejísimo esquema de reequilibrio de costes podría levantar.

Finalmente, ningún envase es suficiente, cuando se recicla, para producir envases nuevos idénticos. Las operaciones de reciclaje inducen pérdida de material. Por lo tanto, una botella reciclable no es suficiente para producir una botella 100% nueva.

En conclusión, podemos destacar que no se trata de cuestionar el reciclaje, sino de devolverlo al lugar que le corresponde, el del último eslabón de una estrategia de economía circular, cuya implementación plantea inmensos desafíos, técnicos, logísticos y societarios.

Formas en que nuestras vidas podrían ser mejores gracias a una economía circular

Una economía circular funciona como su nombre indica: los recursos y materiales que la componen se reutilizan, una y otra vez, según sea necesario.

En el pasado, las poblaciones practicaban la economía circular por defecto porque el acceso a los recursos naturales estaba limitado por la geografía. La gente tenía que reutilizar cosas, ya fueran ropa, metales viejos o desechos de plantas. Pero durante la Revolución Industrial, cuando las potencias coloniales comenzaron a explotar a otros países para enriquecerse, esta lógica circular básica desapareció, dando como resultado economías lineales que engullían y derrochaban recursos sin cesar.

En el sistema lineal actual, los recursos se utilizan para fabricar productos que se convierten en residuos. Regresar a una economía circular implicaría convertir esta última etapa de residuos en un recurso.

A nivel local, parece bastante simple. Pero en el contexto de nuestra economía global en expansión, donde las cadenas de suministro pueden abarcar docenas de países y las empresas están explotando los recursos finitos del planeta a un ritmo cada vez mayor, esto requiere una transformación radical de la forma de funcionamiento de la sociedad humana.

Todos los aspectos de nuestras vidas tendrían que cambiar para que prospere una economía verdaderamente circular, incluida nuestra obsesión actual con el crecimiento económico a toda costa.

Según científicos y economistas, este es un cambio que debemos hacer lo antes posible, porque el sistema económico actual está causando demasiado daño al medio ambiente mundial. Unas pocas décadas más al ritmo actual de producción y consumo conducirían inevitablemente a una catástrofe ambiental y a un planeta que ya no podría acomodar cómodamente a la humanidad.

Si bien la economía circular se basa en la reutilización de materiales, no es suficiente para garantizar que las personas reciclen.

Los países deben comenzar por construir la infraestructura para reciclar a una escala mucho mayor de lo que es posible hoy en día, y no solo bolsas de plástico, latas de refresco y cajas de cartón. El reciclaje debe abarcar el desperdicio de alimentos, aguas residuales, materiales de construcción, ropa, tecnología y más, para evitar la expansión de vertederos e incineradores. Esto requerirá financiamiento internacional para asegurar que todos los países tengan las instalaciones para reciclar tanto como sea posible.

El mundo tendría que ir más allá para que los países transformen todos sus sistemas de gestión de residuos mediante la prohibición de una gran cantidad de materiales no reciclables y la eliminación gradual de las industrias que contaminan y dañan el medio ambiente. Lograr la economía circular requiere invertir en la regeneración de ecosistemas sobreexplotados, priorizando el bienestar humano y participando en formas de justicia restaurativa que desbloqueen el potencial humano.

Esta transición la está iniciando una amplia coalición de organizaciones de defensa, grupos comunitarios de autoayuda, empresas ambientalmente conscientes, gobiernos locales e incluso instituciones multilaterales como las Naciones Unidas.

Cuantas más personas se unan al movimiento de la economía circular, más rápido llegaremos allí. Para inspirarte, aquí hay cinco formas de aprovechar la economía circular:

1. Menos desperdicio

El beneficio más obvio de una economía circular sería la reducción de residuos.

El Banco Mundial estima que los países generan 2010 millones de toneladas de desechos por año, y los países ricos tienen la mayor proporción de desechos per cápita. Un estadounidense promedio genera 1,704 libras de basura por año, tres veces el promedio mundial. Estos residuos son transportados y vertidos en vertederos, quemados en incineradores y vertidos a cielo abierto en paisajes y cuerpos de agua.

Todos estos métodos tienen efectos adversos sobre el medio ambiente: los vertederos liberan toxinas en el suelo y el agua, los incineradores contaminan el aire y los vertederos a cielo abierto debilitan los ecosistemas. Las poblaciones que viven cerca de los sitios e instalaciones de tratamiento de desechos experimentan una variedad de problemas de salud.

A través de la gestión circular de residuos, estas opciones de tratamiento de residuos se minimizarían y contendrían. La mayor parte de los desechos producidos se reciclarían, ya que el reciclaje se convertiría en una prioridad mundial y se financiaría adecuadamente.

Más importante aún, los países producirían menos desechos para empezar, gracias a la estandarización de los materiales de fabricación, la prohibición de materiales difíciles de reciclar y un cambio general del consumismo a favor de modelos compartidos. Por tanto, ya no sería necesario sacrificar suelo para vertederos

2. Menos contaminación

Esto va de la mano con la reducción de residuos, pero vale la pena centrarse en ello. Si los países produjeran menos desechos, se filtraría menos contaminación en el agua que bebemos, el suelo que usamos para cultivar nuestros alimentos y el aire que respiramos, lo que daría como resultado una mejor calidad de vida y una mejor salud mundial.

Según la Organización Mundial de la Salud, la contaminación del aire por sí sola reduce la esperanza de vida media en 2,2 años, mientras que las personas de las regiones más contaminadas ven caer su esperanza de vida en unos cinco años. Más de 2 mil millones de personas carecen de acceso a agua potable segura, en gran parte debido a las formas locales de contaminación y la falta de instalaciones de tratamiento de agua. Casi 90.000 niños menores de 5 años mueren cada año después de beber agua contaminada.

Si bien las causas específicas de la contaminación son muchas, el principal impulsor es el sistema económico lineal que privilegia las ganancias financieras sobre el bienestar humano y la integridad ambiental. Debido a este sistema, las actividades contaminantes no solo están permitidas, sino que se fomentan si generan suficiente dinero.

Solo mire el historial ambiental de la industria de los combustibles fósiles, que está repleto de desastrosos derrames de petróleo, vertidos intencionales de desechos y todo tipo de destrucción ambiental.

En una economía circular, los valores en los que se basa la sociedad cambiarían para evitar daños ambientales. Si el objetivo de la economía es preservar la salud del planeta para las generaciones futuras, solo se tolerarán las actividades que sostengan y funcionen armoniosamente dentro de los límites del medio ambiente global. Todo lo demás sería eliminado, reduciendo drásticamente los niveles de contaminación.

Llevará mucho tiempo limpiar la contaminación existente y eliminar los contaminantes persistentes del medio ambiente global, pero dado que habrá menos contaminación en general, los países pueden concentrarse en rehabilitar el planeta.

Los microplásticos, por ejemplo, muy probablemente supondrán una amenaza para la salud humana durante las próximas décadas, ya que siguen circulando en el medio ambiente mundial. Pero si se prohíben las formas de plástico más difíciles de reciclar, menos microplásticos contaminarán el medio ambiente en el futuro, lo que permitirá a los países controlar esta amenaza.

3. Un entorno mundial próspero

En la economía lineal actual, la humanidad está destruyendo el medio ambiente global, agotando los recursos de un año cada año con meses de anticipación y poniendo en peligro la capacidad de los humanos para sobrevivir en el futuro.

El objetivo de una economía circular es garantizar que los recursos naturales sigan siendo abundantes indefinidamente. En la práctica, esto significa conservar y restaurar los entornos para que puedan producir de forma fiable recursos esenciales como madera, suelo, arena y agua. Se trataría también de limitar la explotación de los recursos. Esto puede parecer difícil de implementar, pero los científicos pueden determinar fácilmente los niveles de explotación de recursos que son seguros para los países.

Con el tiempo, estos nuevos criterios transformarían la salud del planeta, restaurando grandes partes del planeta a una vibrante abundancia ecológica, reforzando las especies agotadas y asegurando un suministro constante de recursos en los años venideros.

El océano, que se está drenando, se beneficiaría enormemente de este cambio. Las poblaciones de peces, por ejemplo, han estado al borde de la extinción debido a la falta de seguimiento por parte de los barcos pesqueros. Al hacer cumplir las cuotas de pesca basadas en la ciencia, una economía circular permitiría que los peces regresen a niveles saludables.

Al hacerlo, ecosistemas marinos completos comenzarían a recuperarse de décadas de sobreexplotación y contaminación. El clima general y la biodiversidad también se verían reducidos.

La gestión global de desechos genera emisiones de gases de efecto invernadero de varias maneras, desde el metano liberado por la descomposición de los desechos de alimentos en los vertederos hasta los gases emitidos por los incineradores de desechos. La reducción de los residuos en general conduciría a una reducción de las emisiones en general.

El sistema alimentario mundial, por ejemplo, es responsable de casi el 40 % de las emisiones mundiales y casi el 40 % de los alimentos se desperdicia. La reestructuración de la producción y distribución de alimentos para proteger el medio ambiente y eliminar el hambre conduciría a una reducción de las emisiones.

En lugar de talar bosques para dar cabida al ganado, las comunidades practicarían la agrosilvicultura regenerativa que almacena dióxido de carbono. En lugar de que los alimentos se envíen por todo el mundo para que se pudran en el camino, se alimentaría a las comunidades que los necesitan. El tecnicismo de las tecnologías de refrigeración y procesamiento y las cadenas de suministro actuales significa que el sistema alimentario podría erradicar fácilmente el hambre en el mundo si se cambiaran los incentivos, como sería el caso en una economía circular.

Sin embargo, en términos más generales, una economía circular evita el cambio climático descontrolado y la pérdida de biodiversidad.

La transición a una economía de este tipo implica eliminar todo el consumo innecesario de combustibles fósiles y eliminar gradualmente las industrias que dañan la biodiversidad. Si mañana se implementaran los valores de una economía circular, las temperaturas globales no superarían el umbral límite de 1,5 grados centígrados fijado por el acuerdo climático de París y el clima global comenzaría a estabilizarse gradualmente. Las especies que estaban en caída libre también comenzarían a estabilizarse y recuperarse.

Las próximas décadas, que parecen tan sombrías en el sistema actual, redescubrirán entonces las visiones utópicas que encantaron a las generaciones anteriores.

4. Justicia ambiental y social significativa

Una economía circular no se trata solo de regenerar el planeta y trabajar con los límites de diferentes entornos. También se trataría de regenerar los lazos que unen a las comunidades humanas, restaurar la confianza dentro y entre las personas y los países, y abordar los daños históricos del colonialismo, la violencia estructural y la desigualdad que han devastado el potencial humano durante siglos.

La economía lineal actual trata los recursos humanos y ambientales como productos desechables y permite la explotación extrema, la violencia y la pobreza. Debido a que una economía verdaderamente circular se basaría en el florecimiento humano, estos daños se detendrían sistemáticamente. Aquí es donde la lente estrecha del reciclaje de materiales se amplía para abarcar el concepto de una 'transición justa' fuera de las industrias y actividades dañinas.

La Alianza por la Justicia Climática ha descrito con elocuencia lo que implicaría una transición justa:

Necesitamos cambiar las reglas para redistribuir los recursos y el poder entre la población local. Las iniciativas de transición justa pasan de la energía sucia a la democracia energética, de la financiación de carreteras a la expansión del transporte público, de los incineradores y vertederos a cero desperdicios, de los sistemas alimentarios industriales a la soberanía alimentaria, de la gentrificación a las comunidades con derecho a la tierra, de la violencia militar a la resolución pacífica, y desde el desarrollo destructivo desenfrenado hasta la restauración del ecosistema. En el corazón de una transición justa se encuentra una democracia profunda en la que los trabajadores y las comunidades tengan control sobre las decisiones que afectan su vida diaria.

Para liberar la tierra y liberar nuestras almas, debemos descolonizar nuestra imaginación, recordar nuestro camino a seguir y alejarnos de las comodidades del imperio. Debemos creer que en lo profundo de nuestras culturas y nuestra ascendencia se encuentra la sabiduría diversa que necesitamos para navegar en un mundo donde vivimos en relaciones correctas entre nosotros y con la tierra.

5. Más trabajo útil (y menos trabajo en general)

A diferencia de la actual economía lineal que apunta al crecimiento económico a toda costa, una economía circular se enfocaría en mantener un "estado estable" de producción y consumo que posibilitaría la salud y el bienestar del planeta y las comunidades.

En tal sistema, habría objetivos de trabajo más claramente definidos, tanto a nivel individual como a nivel de la sociedad, lo que eliminaría el exceso de trabajo inútil que caracteriza la vida en la economía lineal. Todo el trabajo apoyaría los objetivos fundamentales de la economía circular: garantizar que las personas tengan suficientes alimentos, agua limpia, vivienda, atención médica, educación y oportunidades de ocio, y proteger el buen ambiente.

Si todas las personas trabajaran para lograr estos objetivos, el trabajo se compartiría de manera más equitativa y la cantidad total de trabajo para cada persona sería menor. Esta es la promesa liberadora de una economía circular: sus necesidades básicas estarán satisfechas, en un planeta en auge, y puede usar su tiempo como mejor le parezca.

Datos que demuestran la urgencia de tomar acción climática AHORA

La crisis climática podría orillar a otros 132 millones de personas a la pobreza extrema para 2030.

El cambio climático afecta a todos en el mundo. Ya sean veranos más calurosos, tormentas de lluvia más húmedas, desastres naturales más duros o la escasez de su comida favorita.

Esto se debe a que el cambio climático es un fenómeno planetario. A medida que los gases de efecto invernadero se acumulan en la atmósfera más calor del sol queda atrapado más cerca de la superficie de la Tierra, lo que provoca un aumento de las temperaturas y desestabiliza los sistemas que antes eran estables.

Pero el cambio climático también se manifiesta a lo largo de las líneas fallidas de la desigualdad, causando el mayor daño a los países más pobres, incluso cuando los países más ricos prolongan y empeoran la crisis.

La acción climática es, por tanto, una cuestión de justicia climática. La eliminación gradual de los combustibles fósiles, el aumento de las energías renovables y la inversión en economías circulares mitigarán la pobreza, las crisis sanitarias y otras formas de desigualdad.

Los líderes deben refrendar el compromiso de destinar 100 mil millones de dólares anuales al financiamiento para la adaptación y la mitigación a la crisis climática. Debe haber una acción colectiva decisiva centrada en el apoyo a los países de bajos ingresos y en mantener el calentamiento por debajo de 1.5 grados centígrados. Y tenemos que dar prioridad a la seguridad alimentaria, la nutrición y el sustento dirigiendo recursos para la adaptación climática a las comunidades rurales y a las pequeñas explotaciones agrícolas, al tiempo que trabajamos para proteger y restaurar la naturaleza en colaboración con las comunidades locales y marginadas.

Días internacionales del medio ambiente

Las Naciones Unidas suelen oficializar los días mundiales o internacionales. Aquí están los relacionados con un tema ambiental o la conservación de la naturaleza:

- 20 o 21 de marzo, día del equinoccio: Día de la Tierra
- 22 de marzo: Día Mundial del Agua
- 13 de mayo: Día Internacional de la Ballena
- 22 de mayo: Día Internacional de la Biodiversidad
- 5 de junio: Día Mundial del Medio Ambiente
- 8 de junio: Día Mundial de los Océanos
- 17 de junio: Día Mundial de Lucha contra la desertificación y la sequía
- 16 de septiembre: Día Internacional para la Preservación de la Capa de Ozono
- 22 de septiembre: Día sin coches

- 8 de octubre: Día Internacional para la Reducción de los Desastres Naturales
- Finales de noviembre: Día sin compra, no formalizado, iniciado por asociaciones

#########